Practice Addition, Subtraction, Multiplication, and Division with Negative Numbers Workbook

Improve Your Math Fluency Series

Chris McMullen, Ph.D.

Practice Addition, Subtraction, Multiplication, and Division with Negative Numbers Workbook
Improve Your Math Fluency Series

CreateSpace

Nonfiction / Education / Elementary School
Children's / Science / Mathematics
Professional & Technical / Education / Specific Skills / Mathematics

ISBN: 1451547609

EAN-13: 9781451547603

Contents

Multiplication Table

	1	2	3	4	5	6	7	8	9	10
1	1	2	3	4	5	6	7	8	9	10
2	2	4	6	8	10	12	14	16	18	20
3	3	6	9	12	15	18	21	24	27	30
4	4	8	12	16	20	24	28	32	36	40
5	5	10	15	20	25	30	35	40	45	50
6	6	12	18	24	30	36	42	48	54	60
7	7	14	21	28	35	42	49	56	63	70
8	8	16	24	32	40	48	56	64	72	80
9	9	18	27	36	45	54	63	72	81	90
10	10	20	30	40	50	60	70	80	90	100

Making the Most of this Workbook

- Mathematics is a language. You can't hold a decent conversation in any language if you have a limited vocabulary or if you are not fluent. In order to become successful in mathematics, you need to practice until you have mastered the fundamentals and developed fluency in the subject. This *Practice Addition, Subtraction, Multiplication, and Division with Negative Numbers Workbook* will help you improve the fluency with which you add, subtract, multiply, and divide with negative numbers.

- You may need to consult the multiplication table on page 4 occasionally as you begin your practice, but should refrain from relying on it. Force yourself to solve the problems independently as much as possible. It is necessary to memorize the basic multiplication facts and know them quickly in order to become successful at multiplying and dividing whole numbers.

- This book is conveniently divided into four parts: Part 1 focuses on addition with negative numbers, Part 2 on subtraction with negative numbers, Part 3 on multiplication with negative numbers, and Part 4 on division with negative numbers. This way you can focus on one arithmetic operation at a time.

- Each section begins with a concise set of instructions for how to add, subtract, multiply, or divide with negative numbers. These instructions are followed by a couple of examples. Use these examples as a guide until you become fluent in the technique.

- After you complete a page, check your answers with the answer key in the back of the book. Practice makes permanent, but not necessarily perfect: If you practice making mistakes, you will learn your mistakes. Check your answers and learn from your mistakes such that you practice solving the problems correctly. This way your practice will make perfect.

- Math can be fun. Make a game of your practice by recording your times and trying to improve on your times, and recording your scores and trying to improve on your scores. Doing this will help you see how much you are improving, and this sign of improvement can give you the confidence to succeed in math, which can help you learn to enjoy this subject more.

Part 1: Practice Addition with Negative Numbers

The subtraction of two numbers can be thought of as the addition of a negative number to a positive number. For example, $13 - 6 = 7$ is normally interpreted to mean that if you subtract 6 units from 13 units, there will just be 7 units left. You can also interpret this as follows: If you add -6 units to 13 units, there will just be 7 units left. That is, adding negative numbers is equivalent to subtracting positive numbers. You could equivalently write $13 + (-6) = 7$.

So $5 + (-3)$ is equivalent to $5 - 3$; both are equal to 2. If the negative number is more negative than the positive number is positive, the result is negative. For example, $4 + (-8)$, which is the same as $4 - 8$, equals -4.

Whereas adding a negative number to a positive number is effectively subtraction, the addition of two negative numbers results in a number that is even more negative. The addition of two negative numbers can be found by adding the two numbers as if they were both positive, and then negating the result. For example, $-3 + (-6) = -9$. You could also think of this as subtracting a negative number from a negative number – that is, $-3 - 6 = -9$. If you had -3 units to begin with, removing 6 more units would result in -9 units. You might think of these negative units as a debt. If you owe \$3 and borrow \$6, you owe a total of \$9. In this case, the minus sign indicates conceptually that the balance, $-\$9$, is owed.

EXAMPLES

$$6 + (-2) = ?$$
$$6 - 2 = 4$$

$$-1 + 4 = ?$$
$$4 + (-1) = 4 - 1 = 3$$

$$5 + (-8) = ?$$
$$5 - 8 = -3$$

$$-7 + 2 = ?$$
$$2 + (-7) = 2 - 7 = -5$$

$$2 + (-2) = ?$$
$$2 - 2 = 0$$

$$-3 + (-8) = ?$$
$$-3 - 8 = -11$$

$-9 + (-2) =$	$8 + 0 =$	$-9 + 7 =$	$-1 + (-9) =$
$-5 + (-9) =$	$-1 + (-8) =$	$-8 + 9 =$	$6 + (-1) =$
$9 + (-9) =$	$-2 + 5 =$	$-8 + (-7) =$	$-4 + 6 =$
$-9 + (-9) =$	$6 + (-9) =$	$-3 + 2 =$	$-3 + (-3) =$
$0 + 3 =$	$5 + 3 =$	$9 + (-3) =$	$-3 + 9 =$
$-1 + 8 =$	$5 + 5 =$	$6 + 6 =$	$-1 + (-9) =$
$6 + 8 =$	$1 + (-2) =$	$3 + 9 =$	$6 + 2 =$
$9 + 5 =$	$5 + 0 =$	$-2 + (-3) =$	$-1 + 8 =$
$-8 + 7 =$	$-2 + (-6) =$	$6 + (-3) =$	$-3 + 5 =$
$-8 + (-6) =$	$-1 + 0 =$	$-4 + (-9) =$	$9 + 0 =$
$-1 + (-6) =$	$-5 + 9 =$	$0 + (-3) =$	$6 + (-5) =$
$4 + (-8) =$	$-5 + (-4) =$	$1 + 8 =$	$-2 + 8 =$
$-4 + 2 =$	$-9 + (-9) =$	$-2 + (-3) =$	$-3 + 4 =$
$8 + (-5) =$	$-5 + (-6) =$	$8 + (-6) =$	$5 + (-7) =$
$-2 + (-6) =$	$8 + 7 =$	$-8 + 2 =$	$3 + 6 =$
$-4 + 5 =$	$1 + (-1) =$	$9 + (-7) =$	$4 + 5 =$
$-8 + (-7) =$	$-5 + (-8) =$	$-6 + (-4) =$	$2 + 2 =$

$7 + 4 =$	$-3 + 4 =$	$7 + 6 =$	$-6 + (-9) =$
$-3 + 1 =$	$5 + 5 =$	$-7 + (-9) =$	$-4 + 5 =$
$1 + 7 =$	$-9 + (-5) =$	$7 + 3 =$	$-5 + 2 =$
$7 + 5 =$	$-1 + 4 =$	$5 + 7 =$	$5 + 7 =$
$4 + (-3) =$	$-5 + 1 =$	$8 + (-3) =$	$9 + 9 =$
$2 + (-5) =$	$-5 + 5 =$	$5 + (-6) =$	$3 + (-1) =$
$7 + 8 =$	$-2 + 3 =$	$-8 + 3 =$	$-8 + (-8) =$
$-6 + (-7) =$	$-9 + (-3) =$	$4 + (-9) =$	$-1 + 7 =$
$-4 + (-7) =$	$-4 + (-4) =$	$3 + (-1) =$	$-1 + 0 =$
$5 + (-4) =$	$7 + 6 =$	$6 + (-1) =$	$-9 + (-7) =$
$-2 + (-2) =$	$4 + 8 =$	$4 + 9 =$	$8 + 8 =$
$9 + (-5) =$	$-6 + 3 =$	$5 + 3 =$	$-5 + 6 =$
$7 + (-2) =$	$-6 + (-1) =$	$-8 + 8 =$	$-6 + 2 =$
$-2 + 3 =$	$-7 + (-1) =$	$7 + 9 =$	$1 + 7 =$
$7 + 0 =$	$-4 + (-1) =$	$-7 + (-5) =$	$9 + (-5) =$
$8 + 7 =$	$4 + 8 =$	$3 + 8 =$	$-6 + 0 =$
$-4 + (-2) =$	$-6 + (-9) =$	$-7 + (-6) =$	$-7 + 4 =$

4 + 9 =	8 + 4 =	9 + 2 =	3 + 4 =
7 + 7 =	5 + (-4) =	8 + (-5) =	9 + (-9) =
0 + 9 =	5 + (-9) =	4 + 4 =	-1 + 7 =
-8 + (-8) =	8 + (-4) =	-9 + 1 =	-7 + (-2) =
-3 + (-8) =	-9 + 5 =	8 + (-8) =	1 + 2 =
-9 + 5 =	-1 + 1 =	-2 + (-8) =	-2 + (-3) =
8 + 1 =	-4 + (-3) =	-2 + 7 =	2 + 6 =
-2 + (-9) =	2 + 0 =	-2 + (-2) =	-1 + 3 =
-5 + 4 =	-4 + (-9) =	-3 + 3 =	-5 + 7 =
6 + (-4) =	1 + 7 =	-5 + (-1) =	8 + 8 =
9 + 8 =	9 + (-6) =	-1 + 5 =	4 + 7 =
-6 + 5 =	2 + (-3) =	9 + (-4) =	3 + (-1) =
-4 + 7 =	7 + 9 =	7 + 0 =	2 + 2 =
-8 + (-9) =	7 + 7 =	2 + 5 =	-3 + (-9) =
-9 + (-5) =	5 + 1 =	6 + 4 =	-7 + (-4) =
8 + (-4) =	-8 + 2 =	5 + 7 =	3 + (-5) =
2 + 9 =	4 + 7 =	-8 + 5 =	-4 + (-2) =

$5 + (-4) =$	$7 + 9 =$	$8 + (-1) =$	$5 + 5 =$
$4 + (-3) =$	$-3 + (-1) =$	$-4 + (-1) =$	$4 + (-2) =$
$-6 + (-6) =$	$4 + 0 =$	$4 + (-1) =$	$-6 + (-5) =$
$7 + (-6) =$	$-9 + 7 =$	$-5 + (-4) =$	$-3 + 2 =$
$2 + (-5) =$	$-5 + 7 =$	$0 + 4 =$	$-7 + 8 =$
$4 + (-3) =$	$9 + 0 =$	$0 + (-8) =$	$2 + 6 =$
$2 + 4 =$	$6 + 3 =$	$5 + 8 =$	$-6 + 0 =$
$-3 + 9 =$	$-8 + (-8) =$	$2 + 9 =$	$-7 + (-1) =$
$-6 + 0 =$	$3 + 2 =$	$8 + (-1) =$	$-6 + 6 =$
$-4 + (-7) =$	$-2 + 5 =$	$-9 + (-7) =$	$4 + (-8) =$
$-9 + 8 =$	$9 + 2 =$	$-2 + (-1) =$	$0 + 8 =$
$8 + (-4) =$	$1 + (-3) =$	$3 + (-6) =$	$8 + 0 =$
$1 + (-4) =$	$8 + (-8) =$	$5 + (-5) =$	$9 + 1 =$
$5 + 8 =$	$-4 + (-3) =$	$3 + (-2) =$	$-5 + 8 =$
$3 + 9 =$	$-2 + 9 =$	$-5 + (-7) =$	$-5 + (-7) =$
$7 + 0 =$	$5 + (-7) =$	$4 + 3 =$	$4 + 1 =$
$1 + (-2) =$	$4 + (-5) =$	$-6 + 4 =$	$2 + 3 =$

$-1 + (-6) =$ $-9 + 8 =$ $-2 + (-4) =$ $-9 + 7 =$

$-4 + (-3) =$ $8 + (-4) =$ $1 + 3 =$ $7 + (-9) =$

$-6 + (-5) =$ $3 + 3 =$ $2 + 0 =$ $-9 + (-4) =$

$5 + (-8) =$ $5 + (-9) =$ $-8 + (-8) =$ $-7 + (-8) =$

$-8 + 2 =$ $0 + 3 =$ $-2 + 3 =$ $-8 + (-7) =$

$-9 + 4 =$ $7 + 8 =$ $-9 + (-7) =$ $-6 + 4 =$

$-8 + (-9) =$ $-1 + 7 =$ $5 + (-4) =$ $-8 + 0 =$

$1 + 1 =$ $4 + 7 =$ $-8 + (-9) =$ $-7 + 3 =$

$-2 + (-4) =$ $6 + (-3) =$ $-6 + (-7) =$ $-9 + 5 =$

$-3 + 9 =$ $5 + (-7) =$ $6 + (-6) =$ $-7 + 6 =$

$-3 + (-1) =$ $3 + 2 =$ $8 + (-2) =$ $3 + 9 =$

$8 + 7 =$ $-2 + 6 =$ $-4 + (-7) =$ $-9 + (-6) =$

$5 + 1 =$ $-2 + 2 =$ $-6 + (-9) =$ $2 + 7 =$

$6 + 1 =$ $-8 + 6 =$ $-3 + 3 =$ $-6 + (-6) =$

$5 + 3 =$ $9 + 1 =$ $6 + 5 =$ $-3 + (-6) =$

$7 + 6 =$ $8 + 7 =$ $-1 + (-6) =$ $9 + (-5) =$

$3 + 4 =$ $-9 + 4 =$ $-2 + (-2) =$ $-7 + (-6) =$

$4 + (-5) =$	$-1 + 6 =$	$-8 + (-5) =$	$-9 + 7 =$
$-2 + (-8) =$	$-5 + 8 =$	$2 + 3 =$	$-8 + (-3) =$
$-5 + 7 =$	$3 + (-3) =$	$2 + (-3) =$	$-1 + (-5) =$
$-5 + 0 =$	$3 + (-6) =$	$-4 + (-1) =$	$6 + (-1) =$
$4 + (-5) =$	$0 + 4 =$	$-7 + 9 =$	$1 + 5 =$
$-3 + (-1) =$	$6 + (-8) =$	$-8 + (-1) =$	$8 + (-6) =$
$0 + (-1) =$	$5 + 7 =$	$7 + 3 =$	$5 + 7 =$
$7 + (-2) =$	$-9 + 4 =$	$-6 + 1 =$	$-2 + (-9) =$
$-5 + 5 =$	$4 + 5 =$	$5 + 5 =$	$0 + 4 =$
$-6 + 1 =$	$-9 + (-4) =$	$1 + 8 =$	$1 + (-4) =$
$9 + (-9) =$	$-2 + 8 =$	$-1 + (-6) =$	$-1 + 9 =$
$-9 + 9 =$	$8 + (-8) =$	$-3 + (-4) =$	$1 + 3 =$
$2 + 5 =$	$-9 + 1 =$	$-3 + 9 =$	$-9 + 2 =$
$-2 + 8 =$	$1 + 1 =$	$-2 + 3 =$	$-3 + (-4) =$
$0 + 5 =$	$-7 + 3 =$	$-1 + 6 =$	$3 + (-3) =$
$4 + 1 =$	$-9 + (-7) =$	$-7 + (-6) =$	$-2 + (-6) =$
$-3 + 4 =$	$-2 + 1 =$	$1 + (-9) =$	$6 + 1 =$

$-1 + 6 =$ $\qquad$ $-6 + 7 =$ $\qquad$ $-5 + (-7) =$ $\qquad$ $7 + 4 =$

$4 + 4 =$ $\qquad$ $-7 + 6 =$ $\qquad$ $1 + 5 =$ $\qquad$ $3 + (-8) =$

$-4 + (-6) =$ $\qquad$ $5 + 9 =$ $\qquad$ $6 + (-4) =$ $\qquad$ $9 + 1 =$

$-4 + 8 =$ $\qquad$ $0 + (-2) =$ $\qquad$ $-1 + 5 =$ $\qquad$ $-4 + (-1) =$

$9 + (-5) =$ $\qquad$ $0 + (-1) =$ $\qquad$ $6 + (-9) =$ $\qquad$ $-9 + (-5) =$

$-4 + 2 =$ $\qquad$ $-2 + 6 =$ $\qquad$ $-6 + (-8) =$ $\qquad$ $-8 + (-9) =$

$-6 + 5 =$ $\qquad$ $4 + (-5) =$ $\qquad$ $9 + 7 =$ $\qquad$ $-2 + (-9) =$

$-3 + (-8) =$ $\qquad$ $-3 + (-3) =$ $\qquad$ $8 + 1 =$ $\qquad$ $-8 + (-1) =$

$6 + (-8) =$ $\qquad$ $-3 + (-2) =$ $\qquad$ $0 + 2 =$ $\qquad$ $9 + (-1) =$

$2 + (-7) =$ $\qquad$ $1 + 2 =$ $\qquad$ $9 + 0 =$ $\qquad$ $-4 + (-6) =$

$-3 + 0 =$ $\qquad$ $-5 + 9 =$ $\qquad$ $1 + 6 =$ $\qquad$ $3 + (-3) =$

$2 + 5 =$ $\qquad$ $-4 + 3 =$ $\qquad$ $9 + (-6) =$ $\qquad$ $8 + 6 =$

$2 + 2 =$ $\qquad$ $-7 + (-3) =$ $\qquad$ $-3 + 0 =$ $\qquad$ $3 + (-9) =$

$-3 + (-6) =$ $\qquad$ $8 + (-8) =$ $\qquad$ $-9 + (-4) =$ $\qquad$ $9 + (-3) =$

$3 + (-8) =$ $\qquad$ $-8 + 4 =$ $\qquad$ $2 + 9 =$ $\qquad$ $7 + 2 =$

$6 + (-7) =$ $\qquad$ $-9 + (-2) =$ $\qquad$ $-4 + (-2) =$ $\qquad$ $-2 + 4 =$

$1 + (-2) =$ $\qquad$ $-5 + 8 =$ $\qquad$ $5 + 0 =$ $\qquad$ $8 + 6 =$

$-1 + (-7) =$	$-9 + (-5) =$	$-3 + 7 =$	$-7 + (-2) =$
$-7 + (-2) =$	$9 + (-3) =$	$-4 + (-1) =$	$3 + 6 =$
$-6 + (-5) =$	$-5 + 9 =$	$9 + (-4) =$	$-9 + (-4) =$
$-9 + (-7) =$	$6 + (-2) =$	$5 + (-7) =$	$-3 + (-6) =$
$9 + (-9) =$	$-3 + 7 =$	$8 + 9 =$	$-3 + 8 =$
$0 + (-7) =$	$2 + 4 =$	$-2 + 1 =$	$4 + 0 =$
$1 + (-4) =$	$1 + (-1) =$	$-8 + (-9) =$	$5 + 4 =$
$-5 + (-8) =$	$-7 + (-5) =$	$2 + (-8) =$	$-9 + (-7) =$
$-9 + 1 =$	$9 + (-3) =$	$3 + 5 =$	$4 + 3 =$
$6 + 8 =$	$5 + (-6) =$	$-7 + (-3) =$	$-6 + 5 =$
$4 + 1 =$	$-8 + 9 =$	$-6 + (-4) =$	$-3 + (-8) =$
$5 + 8 =$	$-8 + 3 =$	$0 + 3 =$	$0 + (-9) =$
$4 + (-9) =$	$-8 + 8 =$	$4 + (-8) =$	$3 + 7 =$
$-6 + (-5) =$	$0 + (-6) =$	$-4 + (-8) =$	$6 + 9 =$
$-8 + 2 =$	$5 + 1 =$	$2 + 6 =$	$-3 + (-8) =$
$1 + (-6) =$	$-3 + (-6) =$	$4 + 9 =$	$3 + (-3) =$
$4 + 7 =$	$5 + 4 =$	$-1 + 9 =$	$0 + (-8) =$

$2 + 4 =$ $7 + 8 =$ $-3 + (-8) =$ $0 + 9 =$

$-4 + 5 =$ $-3 + 6 =$ $6 + 6 =$ $0 + 5 =$

$2 + (-2) =$ $-1 + (-8) =$ $-3 + (-8) =$ $1 + 2 =$

$-8 + (-8) =$ $-8 + 3 =$ $-6 + (-5) =$ $-7 + (-1) =$

$3 + (-5) =$ $8 + (-5) =$ $7 + 8 =$ $-5 + 6 =$

$-4 + 2 =$ $-1 + (-4) =$ $-8 + 8 =$ $-3 + (-2) =$

$-9 + 0 =$ $8 + 1 =$ $-2 + (-2) =$ $7 + 7 =$

$6 + (-4) =$ $-5 + (-1) =$ $-1 + 2 =$ $2 + (-2) =$

$-1 + (-2) =$ $2 + 7 =$ $-3 + (-8) =$ $8 + (-2) =$

$4 + 9 =$ $0 + (-9) =$ $-5 + (-2) =$ $-6 + 1 =$

$-2 + 8 =$ $2 + (-6) =$ $8 + 5 =$ $-9 + (-4) =$

$-2 + 2 =$ $-2 + 0 =$ $-4 + (-4) =$ $-6 + 1 =$

$-1 + (-4) =$ $7 + 3 =$ $7 + (-9) =$ $4 + 3 =$

$-4 + (-6) =$ $-3 + 0 =$ $5 + 9 =$ $3 + (-3) =$

$-1 + (-2) =$ $2 + (-4) =$ $2 + 2 =$ $4 + 8 =$

$8 + (-2) =$ $-8 + 1 =$ $-6 + 4 =$ $8 + 9 =$

$7 + 7 =$ $6 + 3 =$ $4 + (-1) =$ $6 + 7 =$

$-8 + (-6) =$	$3 + (-9) =$	$5 + 8 =$	$6 + 8 =$
$1 + 0 =$	$-9 + (-8) =$	$5 + 0 =$	$-5 + (-9) =$
$-9 + (-2) =$	$-9 + 5 =$	$1 + 2 =$	$2 + (-7) =$
$-1 + (-9) =$	$-1 + 1 =$	$-2 + 2 =$	$3 + 5 =$
$0 + 1 =$	$8 + 7 =$	$4 + (-3) =$	$7 + 6 =$
$-6 + (-1) =$	$4 + 6 =$	$8 + 9 =$	$6 + (-7) =$
$-1 + 2 =$	$3 + (-5) =$	$-2 + (-3) =$	$-8 + 6 =$
$5 + (-5) =$	$-9 + (-6) =$	$7 + 8 =$	$-5 + 0 =$
$-5 + 2 =$	$-8 + (-7) =$	$-4 + (-7) =$	$-1 + (-7) =$
$-3 + 9 =$	$-2 + 3 =$	$-7 + 5 =$	$1 + (-6) =$
$-7 + (-6) =$	$1 + (-8) =$	$-8 + (-6) =$	$9 + 1 =$
$3 + 7 =$	$-5 + 0 =$	$-2 + (-4) =$	$7 + 6 =$
$-3 + (-7) =$	$6 + (-6) =$	$2 + (-6) =$	$0 + (-4) =$
$3 + (-3) =$	$-8 + (-5) =$	$7 + 8 =$	$-8 + (-5) =$
$3 + 3 =$	$2 + 8 =$	$-6 + (-1) =$	$-5 + 6 =$
$8 + 1 =$	$8 + (-5) =$	$-3 + 2 =$	$5 + 2 =$
$1 + (-7) =$	$1 + (-2) =$	$2 + 6 =$	$-1 + (-7) =$

$3 + (-9) =$ $-5 + (-1) =$ $2 + (-7) =$ $-4 + (-4) =$

$-2 + 1 =$ $5 + (-3) =$ $-6 + (-4) =$ $8 + 5 =$

$-3 + (-6) =$ $9 + 7 =$ $-1 + (-3) =$ $1 + (-1) =$

$1 + 3 =$ $2 + (-8) =$ $8 + (-1) =$ $-5 + (-8) =$

$9 + 7 =$ $-2 + (-3) =$ $8 + 8 =$ $-7 + 4 =$

$-3 + 4 =$ $3 + 5 =$ $-3 + (-9) =$ $-2 + (-4) =$

$-8 + 5 =$ $-2 + 6 =$ $-5 + (-3) =$ $-4 + 2 =$

$5 + 7 =$ $-6 + 9 =$ $3 + 3 =$ $9 + 0 =$

$4 + (-8) =$ $-6 + 6 =$ $6 + 4 =$ $2 + (-1) =$

$7 + (-8) =$ $6 + 6 =$ $3 + (-9) =$ $2 + (-3) =$

$-9 + 4 =$ $6 + 5 =$ $-6 + 3 =$ $-2 + 2 =$

$6 + 8 =$ $7 + 3 =$ $5 + (-4) =$ $0 + (-9) =$

$-6 + (-1) =$ $-4 + 4 =$ $6 + 3 =$ $5 + 6 =$

$3 + 7 =$ $0 + 4 =$ $-2 + (-9) =$ $3 + (-6) =$

$3 + 1 =$ $8 + (-2) =$ $-8 + 3 =$ $-4 + 2 =$

$8 + 4 =$ $4 + (-8) =$ $-6 + (-1) =$ $5 + 2 =$

$-6 + (-6) =$ $7 + 4 =$ $-5 + (-1) =$ $-2 + 4 =$

$-5 + 9 =$	$6 + (-1) =$	$8 + (-1) =$	$5 + (-5) =$
$4 + 0 =$	$-2 + 0 =$	$-6 + 2 =$	$-5 + 3 =$
$8 + (-2) =$	$4 + (-2) =$	$-1 + 0 =$	$-4 + 7 =$
$6 + (-1) =$	$1 + 7 =$	$2 + (-9) =$	$-1 + 1 =$
$5 + 4 =$	$-3 + 2 =$	$5 + (-2) =$	$0 + (-3) =$
$9 + 2 =$	$6 + 7 =$	$3 + 9 =$	$-8 + (-9) =$
$5 + (-9) =$	$3 + (-7) =$	$7 + (-9) =$	$5 + 3 =$
$5 + 0 =$	$7 + 3 =$	$-6 + (-4) =$	$1 + 9 =$
$5 + (-7) =$	$9 + (-2) =$	$-7 + (-6) =$	$8 + 9 =$
$0 + 2 =$	$-7 + 8 =$	$-3 + 6 =$	$2 + (-5) =$
$-5 + (-1) =$	$7 + (-2) =$	$-6 + 4 =$	$-8 + (-9) =$
$9 + (-3) =$	$-9 + (-1) =$	$-5 + (-5) =$	$-3 + 7 =$
$-2 + (-6) =$	$-5 + 3 =$	$-7 + (-9) =$	$9 + (-8) =$
$1 + 3 =$	$3 + 3 =$	$2 + (-4) =$	$-5 + (-7) =$
$7 + 6 =$	$0 + 3 =$	$3 + 0 =$	$0 + 0 =$
$1 + 7 =$	$-3 + 9 =$	$-6 + 4 =$	$-5 + (-8) =$
$0 + 0 =$	$3 + 0 =$	$9 + (-6) =$	$-6 + 6 =$

$3 + 4 =$	$-1 + 5 =$	$9 + (-5) =$	$3 + (-6) =$
$-5 + 2 =$	$9 + (-6) =$	$-9 + 8 =$	$-9 + (-9) =$
$-6 + (-6) =$	$-2 + 9 =$	$-2 + (-3) =$	$-3 + (-4) =$
$0 + 4 =$	$-3 + 0 =$	$2 + 6 =$	$-9 + (-1) =$
$6 + (-6) =$	$-5 + 3 =$	$8 + (-9) =$	$-5 + (-3) =$
$-6 + 3 =$	$0 + (-9) =$	$-1 + 7 =$	$-2 + (-8) =$
$-2 + 0 =$	$-8 + (-1) =$	$8 + 2 =$	$5 + 8 =$
$9 + (-3) =$	$7 + 4 =$	$3 + 7 =$	$9 + 0 =$
$-2 + 8 =$	$-2 + 9 =$	$7 + 8 =$	$-4 + 6 =$
$-1 + 3 =$	$-2 + 2 =$	$1 + (-2) =$	$-2 + (-2) =$
$4 + 8 =$	$6 + 9 =$	$9 + 9 =$	$-2 + (-3) =$
$2 + (-7) =$	$9 + 4 =$	$8 + (-4) =$	$2 + (-4) =$
$-4 + 1 =$	$2 + 3 =$	$7 + 9 =$	$-4 + 5 =$
$-6 + 9 =$	$-4 + (-7) =$	$1 + (-6) =$	$1 + (-8) =$
$-5 + 7 =$	$-9 + (-1) =$	$-4 + (-6) =$	$-6 + (-5) =$
$-9 + 3 =$	$-2 + (-3) =$	$-2 + (-6) =$	$-6 + (-1) =$
$9 + 7 =$	$4 + (-3) =$	$-9 + (-4) =$	$4 + (-8) =$

$-4 + 7 =$	$-8 + 8 =$	$6 + 1 =$	$1 + (-5) =$
$-3 + (-1) =$	$6 + (-1) =$	$-6 + (-8) =$	$0 + (-4) =$
$-5 + 3 =$	$-4 + (-6) =$	$-6 + (-4) =$	$-9 + (-6) =$
$5 + (-2) =$	$-8 + (-6) =$	$1 + (-4) =$	$3 + (-1) =$
$-9 + 4 =$	$-7 + 5 =$	$8 + 2 =$	$-4 + 8 =$
$-9 + 7 =$	$7 + (-8) =$	$-6 + 9 =$	$4 + (-3) =$
$-5 + 3 =$	$-2 + (-1) =$	$1 + (-3) =$	$6 + (-5) =$
$1 + (-9) =$	$2 + (-3) =$	$4 + (-6) =$	$-7 + 4 =$
$-2 + (-3) =$	$4 + 7 =$	$0 + 6 =$	$-3 + 0 =$
$4 + 6 =$	$-2 + 2 =$	$5 + (-6) =$	$9 + (-2) =$
$-1 + (-4) =$	$5 + 8 =$	$-5 + (-7) =$	$-3 + 8 =$
$3 + 7 =$	$7 + 8 =$	$2 + (-2) =$	$2 + 7 =$
$-5 + (-8) =$	$-7 + (-8) =$	$-9 + 8 =$	$2 + (-4) =$
$-2 + (-9) =$	$-4 + (-5) =$	$2 + (-5) =$	$7 + 5 =$
$-8 + 9 =$	$-1 + 7 =$	$-6 + 5 =$	$-7 + (-1) =$
$-3 + (-6) =$	$-5 + 4 =$	$9 + (-1) =$	$4 + (-7) =$
$5 + 9 =$	$2 + 8 =$	$-9 + (-3) =$	$-4 + (-3) =$

$-2 + 1 =$	$4 + 9 =$	$0 + (-4) =$	$-9 + (-9) =$
$0 + (-9) =$	$3 + (-3) =$	$2 + 4 =$	$0 + 5 =$
$9 + 3 =$	$-5 + 7 =$	$0 + (-9) =$	$9 + (-7) =$
$-7 + 3 =$	$7 + (-6) =$	$9 + 2 =$	$-1 + (-8) =$
$1 + 1 =$	$-2 + (-5) =$	$6 + (-9) =$	$2 + (-8) =$
$9 + 1 =$	$-9 + 9 =$	$1 + 9 =$	$-8 + 7 =$
$9 + 4 =$	$8 + 2 =$	$3 + 2 =$	$-4 + (-8) =$
$0 + (-7) =$	$-1 + (-2) =$	$-5 + 2 =$	$6 + 2 =$
$1 + (-4) =$	$-5 + (-8) =$	$3 + 2 =$	$7 + 4 =$
$1 + 6 =$	$-9 + (-2) =$	$-3 + (-6) =$	$3 + 0 =$
$1 + 4 =$	$-6 + (-5) =$	$-2 + 8 =$	$6 + 4 =$
$3 + 2 =$	$0 + 8 =$	$3 + 3 =$	$-5 + (-6) =$
$2 + 8 =$	$-6 + 4 =$	$2 + 0 =$	$-4 + 9 =$
$2 + 7 =$	$-5 + (-4) =$	$-3 + (-9) =$	$-7 + (-4) =$
$9 + 2 =$	$5 + (-7) =$	$0 + 0 =$	$-7 + 7 =$
$-6 + (-9) =$	$7 + (-3) =$	$3 + 6 =$	$6 + 2 =$
$-7 + 7 =$	$-2 + (-4) =$	$-5 + (-3) =$	$-5 + 0 =$

3 + (−7) =	3 + 8 =	−7 + 5 =	7 + 0 =
0 + (−9) =	−5 + (−4) =	−2 + (−1) =	2 + (−1) =
−7 + 9 =	7 + (−5) =	3 + 0 =	−3 + 4 =
−5 + (−9) =	−3 + 2 =	3 + (−6) =	8 + 7 =
−6 + (−3) =	−7 + 7 =	−7 + (−8) =	−4 + (−8) =
3 + 6 =	2 + 1 =	−4 + 7 =	−3 + 5 =
−6 + 5 =	4 + 7 =	−7 + (−7) =	−7 + (−7) =
4 + 8 =	−4 + (−6) =	8 + 4 =	−6 + (−2) =
−3 + (−5) =	1 + 6 =	1 + (−4) =	4 + 7 =
−9 + 9 =	−2 + (−7) =	0 + (−7) =	−1 + 1 =
9 + (−4) =	4 + 1 =	−8 + 4 =	−1 + 3 =
5 + 9 =	1 + 9 =	−7 + (−5) =	−8 + 4 =
7 + (−1) =	1 + (−4) =	−9 + (−1) =	−6 + (−2) =
3 + (−7) =	−8 + 2 =	−7 + (−2) =	−4 + 3 =
−7 + (−9) =	4 + 9 =	3 + 7 =	7 + 6 =
−8 + 5 =	−9 + (−4) =	−7 + (−3) =	6 + 2 =
6 + 3 =	3 + (−1) =	7 + 3 =	0 + 4 =

$9 + (-5) =$	$4 + (-8) =$	$-6 + 7 =$	$6 + 3 =$
$4 + (-3) =$	$-9 + (-9) =$	$-7 + 7 =$	$-9 + 3 =$
$9 + (-6) =$	$-7 + 5 =$	$-1 + 3 =$	$4 + 1 =$
$-7 + (-6) =$	$-4 + (-1) =$	$5 + (-9) =$	$-2 + 5 =$
$-5 + (-2) =$	$-5 + (-3) =$	$2 + 4 =$	$5 + (-6) =$
$-5 + 4 =$	$-3 + (-3) =$	$-3 + 8 =$	$1 + 0 =$
$6 + (-1) =$	$-1 + 7 =$	$-3 + 5 =$	$5 + 1 =$
$3 + (-1) =$	$5 + 5 =$	$0 + 0 =$	$6 + 3 =$
$-3 + (-2) =$	$4 + 8 =$	$1 + 8 =$	$-8 + 5 =$
$9 + (-2) =$	$-3 + (-5) =$	$7 + 0 =$	$3 + (-1) =$
$2 + (-4) =$	$-9 + 0 =$	$-5 + 0 =$	$-4 + (-4) =$
$3 + 9 =$	$9 + 3 =$	$3 + 7 =$	$-6 + 4 =$
$5 + 2 =$	$3 + 7 =$	$3 + 6 =$	$9 + 5 =$
$9 + 8 =$	$-4 + (-9) =$	$9 + 1 =$	$-5 + (-2) =$
$2 + (-3) =$	$2 + (-2) =$	$-4 + 3 =$	$5 + 2 =$
$-5 + (-5) =$	$-2 + (-5) =$	$-5 + (-1) =$	$6 + 7 =$
$5 + 4 =$	$-7 + 5 =$	$-9 + (-4) =$	$-1 + (-9) =$

3 + 3 =	1 + 4 =	1 + (−2) =	3 + 8 =
−9 + 8 =	−6 + (−2) =	−6 + 1 =	2 + 1 =
5 + 2 =	4 + (−1) =	0 + 9 =	−1 + (−8) =
6 + 5 =	−5 + 3 =	9 + 8 =	−3 + 1 =
−6 + (−5) =	−3 + (−5) =	−9 + (−2) =	−2 + 8 =
6 + 9 =	0 + 3 =	−5 + 4 =	6 + (−5) =
−4 + (−8) =	−6 + (−3) =	6 + (−4) =	−7 + (−4) =
0 + (−3) =	0 + 0 =	−7 + 0 =	−6 + 7 =
6 + (−4) =	−4 + 3 =	3 + (−9) =	6 + (−7) =
−5 + (−6) =	6 + 1 =	−8 + 2 =	4 + (−2) =
−1 + (−7) =	−1 + (−9) =	2 + 8 =	8 + (−4) =
−1 + (−8) =	−4 + 2 =	−8 + 1 =	4 + 7 =
4 + 3 =	5 + (−8) =	2 + (−5) =	0 + 2 =
9 + (−3) =	1 + (−4) =	4 + 3 =	−3 + 1 =
−1 + 2 =	−1 + 5 =	−3 + 0 =	2 + 6 =
0 + (−7) =	2 + 5 =	1 + (−9) =	−5 + 4 =
8 + 1 =	8 + 2 =	3 + (−8) =	−2 + 6 =

$-8 + 0 =$	$2 + 6 =$	$6 + 7 =$	$7 + (-5) =$
$0 + (-6) =$	$-4 + (-1) =$	$-9 + (-2) =$	$7 + (-4) =$
$9 + 2 =$	$-3 + 2 =$	$4 + 7 =$	$0 + 9 =$
$5 + (-2) =$	$-1 + (-4) =$	$-6 + (-2) =$	$7 + (-5) =$
$5 + 0 =$	$8 + (-6) =$	$0 + (-8) =$	$3 + (-3) =$
$7 + 2 =$	$-2 + 4 =$	$5 + (-1) =$	$6 + (-8) =$
$-3 + (-4) =$	$-3 + (-7) =$	$-3 + 4 =$	$-2 + (-2) =$
$-1 + (-1) =$	$8 + 3 =$	$-4 + (-5) =$	$9 + (-7) =$
$-8 + 1 =$	$7 + (-2) =$	$2 + 9 =$	$-6 + 1 =$
$5 + 7 =$	$0 + 0 =$	$-7 + (-2) =$	$0 + 7 =$
$5 + (-5) =$	$6 + (-2) =$	$-2 + (-8) =$	$7 + 8 =$
$-7 + (-7) =$	$5 + (-1) =$	$-3 + 2 =$	$7 + 2 =$
$-9 + (-2) =$	$-2 + 8 =$	$3 + 3 =$	$1 + 8 =$
$-5 + (-2) =$	$8 + 7 =$	$9 + 1 =$	$-3 + (-6) =$
$-4 + (-6) =$	$-2 + (-6) =$	$2 + 2 =$	$4 + (-1) =$
$1 + 8 =$	$-3 + 0 =$	$-6 + 6 =$	$-2 + (-2) =$
$2 + (-9) =$	$-5 + (-8) =$	$9 + (-5) =$	$3 + 5 =$

$-6 + 4 =$	$0 + (-1) =$	$-1 + 6 =$	$-3 + (-3) =$
$4 + 6 =$	$1 + (-2) =$	$8 + 3 =$	$3 + (-2) =$
$-4 + 6 =$	$-7 + 4 =$	$-2 + (-2) =$	$-5 + 2 =$
$-9 + (-3) =$	$-7 + 9 =$	$4 + 4 =$	$-2 + 9 =$
$9 + (-8) =$	$-7 + 4 =$	$9 + (-9) =$	$5 + 4 =$
$-7 + (-9) =$	$-4 + 4 =$	$6 + 7 =$	$-1 + (-3) =$
$-8 + 4 =$	$-5 + (-6) =$	$0 + 6 =$	$5 + (-7) =$
$-3 + (-7) =$	$-1 + (-8) =$	$-5 + 6 =$	$-4 + 7 =$
$-2 + (-1) =$	$-2 + 4 =$	$-8 + (-7) =$	$-8 + 8 =$
$-4 + (-4) =$	$9 + 8 =$	$0 + 0 =$	$4 + (-5) =$
$1 + (-6) =$	$3 + 7 =$	$8 + 8 =$	$-3 + 9 =$
$8 + 0 =$	$-5 + (-7) =$	$-6 + 7 =$	$0 + 5 =$
$-6 + 7 =$	$-5 + (-5) =$	$6 + 5 =$	$-5 + (-7) =$
$-8 + 9 =$	$-6 + (-7) =$	$2 + 4 =$	$2 + (-4) =$
$-8 + (-6) =$	$3 + 3 =$	$3 + 3 =$	$9 + 1 =$
$-6 + (-3) =$	$-2 + 6 =$	$-4 + 6 =$	$4 + (-2) =$
$1 + 2 =$	$6 + 4 =$	$3 + 0 =$	$2 + 8 =$

$-4 + 9 =$	$-2 + 9 =$	$-1 + (-3) =$	$-7 + (-4) =$
$-6 + (-8) =$	$3 + (-5) =$	$7 + (-1) =$	$4 + (-9) =$
$-1 + (-5) =$	$1 + 7 =$	$-2 + (-6) =$	$-4 + (-5) =$
$1 + 3 =$	$3 + 7 =$	$9 + 4 =$	$-2 + (-5) =$
$-8 + 7 =$	$-1 + (-5) =$	$5 + 4 =$	$9 + (-7) =$
$-4 + (-3) =$	$5 + (-6) =$	$-4 + (-5) =$	$5 + 2 =$
$9 + 7 =$	$4 + 8 =$	$-4 + (-9) =$	$3 + (-8) =$
$-4 + 6 =$	$-6 + 2 =$	$7 + (-7) =$	$0 + 0 =$
$9 + 9 =$	$1 + 3 =$	$1 + (-6) =$	$4 + 1 =$
$8 + 8 =$	$9 + 4 =$	$-4 + (-9) =$	$5 + (-1) =$
$4 + 4 =$	$-2 + 1 =$	$-3 + 2 =$	$3 + 5 =$
$-3 + 0 =$	$6 + 1 =$	$-8 + 9 =$	$-9 + 6 =$
$8 + 2 =$	$-5 + 2 =$	$9 + 2 =$	$-7 + (-6) =$
$0 + 2 =$	$-9 + (-6) =$	$-2 + (-8) =$	$2 + 9 =$
$1 + 0 =$	$-4 + (-8) =$	$4 + (-4) =$	$-5 + 0 =$
$-7 + 6 =$	$-9 + 7 =$	$5 + (-3) =$	$2 + 9 =$
$1 + 1 =$	$0 + (-3) =$	$8 + 0 =$	$1 + (-7) =$

-8 + (-7) =	-7 + (-1) =	2 + 9 =	-8 + 1 =
9 + (-4) =	5 + 1 =	-7 + 9 =	-8 + (-1) =
2 + (-1) =	7 + (-6) =	7 + 9 =	-9 + 7 =
-9 + (-4) =	2 + 9 =	-3 + 7 =	3 + 4 =
-3 + 2 =	-7 + 7 =	-1 + 0 =	-3 + 7 =
-2 + (-5) =	-2 + 7 =	-9 + 2 =	3 + 9 =
-2 + 7 =	7 + 7 =	1 + (-6) =	7 + (-6) =
-3 + 9 =	5 + 8 =	2 + 8 =	2 + (-8) =
3 + 5 =	0 + (-1) =	-4 + (-8) =	-8 + 2 =
-4 + (-8) =	1 + (-3) =	7 + 4 =	-7 + 9 =
-4 + (-4) =	7 + (-4) =	0 + (-2) =	5 + 6 =
9 + (-4) =	5 + 3 =	-7 + (-8) =	-9 + 4 =
6 + 3 =	-3 + 2 =	9 + 1 =	9 + (-8) =
-6 + 3 =	-3 + 7 =	-1 + (-7) =	8 + 7 =
1 + (-6) =	1 + (-6) =	7 + 5 =	-8 + 4 =
1 + (-8) =	8 + 4 =	-8 + (-4) =	5 + 8 =
-2 + (-1) =	-3 + 3 =	-2 + 7 =	-1 + 8 =

$7 + 2 =$	$-8 + (-4) =$	$-1 + 3 =$	$1 + 2 =$
$-1 + 4 =$	$2 + 0 =$	$-6 + (-8) =$	$0 + (-5) =$
$8 + (-9) =$	$4 + 5 =$	$-9 + 2 =$	$6 + 1 =$
$-5 + 5 =$	$6 + (-6) =$	$-1 + 3 =$	$-9 + (-5) =$
$-5 + (-8) =$	$3 + (-5) =$	$-4 + 4 =$	$-1 + (-4) =$
$4 + (-8) =$	$-7 + 5 =$	$-1 + (-3) =$	$3 + 7 =$
$3 + (-3) =$	$-1 + (-7) =$	$3 + 6 =$	$-7 + 6 =$
$-6 + 8 =$	$-3 + 9 =$	$0 + 8 =$	$-2 + 4 =$
$9 + (-7) =$	$0 + 6 =$	$0 + 4 =$	$-3 + 7 =$
$8 + 8 =$	$-1 + (-1) =$	$-5 + (-3) =$	$-2 + 9 =$
$-3 + (-9) =$	$5 + 7 =$	$8 + 5 =$	$0 + (-2) =$
$5 + (-9) =$	$0 + 3 =$	$-7 + 0 =$	$5 + (-4) =$
$0 + 1 =$	$2 + 2 =$	$-4 + 1 =$	$-8 + (-9) =$
$-9 + (-8) =$	$-6 + 3 =$	$1 + 3 =$	$1 + (-6) =$
$4 + (-7) =$	$9 + 3 =$	$-4 + (-1) =$	$9 + (-3) =$
$-1 + (-1) =$	$-5 + (-4) =$	$5 + 2 =$	$-7 + 6 =$
$-9 + 7 =$	$-6 + (-2) =$	$8 + (-1) =$	$0 + 7 =$

1 + 5 =	-9 + (-9) =	1 + (-1) =	6 + 7 =
0 + 9 =	-6 + (-1) =	7 + (-8) =	-3 + 6 =
7 + 3 =	-7 + (-6) =	-1 + (-9) =	6 + (-9) =
5 + 5 =	0 + (-2) =	9 + (-8) =	7 + 4 =
-9 + (-8) =	0 + 8 =	1 + 0 =	1 + 0 =
6 + 8 =	2 + 2 =	-1 + (-3) =	-8 + 4 =
4 + 2 =	9 + (-7) =	-2 + 7 =	4 + (-2) =
-6 + 4 =	4 + 7 =	4 + 2 =	-5 + 9 =
-5 + 6 =	-7 + 9 =	-3 + (-4) =	-5 + 3 =
1 + (-6) =	3 + 0 =	-7 + (-7) =	-5 + 9 =
1 + (-2) =	4 + 6 =	2 + 8 =	4 + 5 =
-6 + (-4) =	3 + (-5) =	0 + (-1) =	-1 + 5 =
-5 + 9 =	7 + 8 =	1 + 3 =	-4 + (-3) =
6 + (-4) =	7 + 4 =	1 + 3 =	7 + (-3) =
4 + (-4) =	6 + 6 =	-6 + (-8) =	4 + (-1) =
-4 + 3 =	-4 + 8 =	-4 + 3 =	3 + (-4) =
4 + 7 =	1 + (-7) =	7 + 0 =	-8 + (-5) =

$-9 + (-7) =$	$8 + 9 =$	$8 + 9 =$	$-4 + 2 =$
$-1 + 1 =$	$-8 + (-9) =$	$-7 + 7 =$	$7 + 5 =$
$9 + (-9) =$	$-9 + 0 =$	$-6 + 5 =$	$-6 + (-2) =$
$2 + (-9) =$	$-9 + (-7) =$	$2 + 7 =$	$-1 + 5 =$
$5 + 9 =$	$5 + 3 =$	$6 + 1 =$	$4 + 7 =$
$7 + (-3) =$	$-8 + 6 =$	$0 + 5 =$	$1 + 5 =$
$0 + (-9) =$	$5 + 6 =$	$6 + 1 =$	$-4 + 8 =$
$-6 + 3 =$	$5 + (-3) =$	$-2 + (-8) =$	$-4 + 1 =$
$4 + 1 =$	$-2 + 3 =$	$-3 + 4 =$	$2 + 2 =$
$-3 + 8 =$	$3 + 4 =$	$4 + 9 =$	$-9 + 2 =$
$1 + (-1) =$	$6 + 7 =$	$0 + (-1) =$	$-5 + (-3) =$
$-9 + (-9) =$	$-4 + (-2) =$	$0 + (-6) =$	$-9 + (-8) =$
$4 + 7 =$	$-4 + (-5) =$	$-7 + (-3) =$	$-9 + (-8) =$
$-5 + (-6) =$	$4 + (-2) =$	$-2 + (-8) =$	$-3 + (-5) =$
$3 + 2 =$	$-9 + (-6) =$	$1 + 1 =$	$-3 + (-2) =$
$-9 + 3 =$	$4 + (-9) =$	$4 + (-9) =$	$-5 + 7 =$
$-6 + 3 =$	$3 + 3 =$	$-2 + 9 =$	$-2 + 4 =$

Part 2: Practice Subtraction with Negative Numbers

As we have seen, the subtraction of one positive number from another can be thought of as adding a negative number to a positive number. For example, $8 - 6$ is equivalent to $8 + (-6)$; both are equal to 2.

The subtraction of a negative number from a positive number, on the other hand, is equivalent to adding the two numbers. For example, $4 - (-5)$ equates to $4 + 5$; both are equal to 9.

The subtraction of a positive number from a negative number results in an even more negative number. For example, $-3 - 7$, which can be expressed as $-3 + (-7)$, equals -10.

You can also subtract a negative number from a negative number. For example, consider $-5 - (-1)$. This can be written as $-5 + 1$. The result is -4.

It might be helpful to think of two consecutive minus signs as making a plus sign. For example, $2 - (-3)$ equals $2 + 3$, and $-7 - (-6)$ equates to $-7 + 6$.

EXAMPLES

$6 - 5 = ?$

$6 + (-5) = 1$

$9 - (-7) = ?$

$9 + 7 = 16$

$-2 - 2 = ?$

$-2 + (-2) = -4$

$-1 - (-3) = ?$

$-1 + 3 = 3 + (-1) = 3 - 1 = 2$

$-4 - 5 = ?$

$-4 + (-5) = -9$

$0 - (-8) = ?$

$0 + 8 = 8$

$3 - 4 =$ $-7 - 2 =$ $2 - (-5) =$ $15 - 6 =$

$-6 - 0 =$ $-3 - (-2) =$ $-10 - (-1) =$ $-3 - 6 =$

$-7 - 0 =$ $5 - (-1) =$ $15 - 6 =$ $-3 - (-4) =$

$15 - 9 =$ $0 - (-3) =$ $-4 - (-2) =$ $7 - 6 =$

$6 - 5 =$ $13 - 5 =$ $-10 - (-5) =$ $11 - 8 =$

$6 - 6 =$ $8 - 9 =$ $16 - 8 =$ $-12 - (-5) =$

$-2 - (-7) =$ $2 - 6 =$ $4 - (-4) =$ $-1 - (-7) =$

$13 - 6 =$ $2 - 0 =$ $-13 - (-5) =$ $-11 - (-3) =$

$10 - 3 =$ $-1 - (-8) =$ $-11 - (-4) =$ $13 - 5 =$

$5 - 9 =$ $-2 - (-9) =$ $17 - 8 =$ $3 - 7 =$

$-5 - (-1) =$ $-5 - (-8) =$ $5 - 7 =$ $6 - (-2) =$

$11 - 9 =$ $9 - 9 =$ $-2 - 6 =$ $12 - 8 =$

$-2 - (-1) =$ $0 - 2 =$ $-10 - (-6) =$ $-11 - (-5) =$

$-1 - 0 =$ $0 - 0 =$ $0 - 3 =$ $-3 - 6 =$

$4 - (-4) =$ $1 - 1 =$ $9 - 9 =$ $-15 - (-9) =$

$-2 - 1 =$ $-1 - 0 =$ $1 - (-6) =$ $14 - 9 =$

$4 - (-3) =$ $-12 - (-8) =$ $1 - (-4) =$ $4 - 0 =$

4 - 4 =	-7 - 0 =	0 - 4 =	15 - 8 =
1 - 3 =	2 - 4 =	-17 - (-9) =	8 - 0 =
12 - 4 =	-8 - (-8) =	-4 - (-5) =	0 - (-8) =
-1 - (-3) =	4 - (-2) =	1 - 3 =	-13 - (-6) =
-5 - 3 =	-1 - 7 =	-4 - (-2) =	-8 - (-6) =
-8 - 0 =	-5 - 3 =	5 - (-3) =	-11 - (-8) =
7 - 3 =	-5 - 1 =	6 - 4 =	-6 - (-4) =
-4 - (-9) =	-10 - (-6) =	-7 - (-1) =	1 - 0 =
12 - 5 =	13 - 5 =	-1 - (-5) =	-3 - 2 =
-8 - (-1) =	-1 - 7 =	5 - 4 =	4 - 7 =
6 - 1 =	-4 - (-6) =	-16 - (-7) =	0 - 0 =
-3 - (-3) =	-5 - (-9) =	-6 - (-9) =	-10 - (-8) =
3 - 9 =	9 - 9 =	-12 - (-7) =	3 - (-1) =
-9 - (-2) =	4 - 0 =	-8 - (-9) =	8 - 3 =
5 - (-4) =	-1 - (-3) =	-12 - (-8) =	-3 - 4 =
2 - (-6) =	3 - 8 =	6 - 4 =	1 - 6 =
-9 - (-1) =	-2 - 0 =	7 - 3 =	-2 - 3 =

$-14 - (-5) =$ $11 - 8 =$ $0 - (-2) =$ $13 - 8 =$

$1 - (-8) =$ $0 - (-8) =$ $4 - (-3) =$ $-10 - (-7) =$

$6 - (-3) =$ $17 - 9 =$ $-14 - (-8) =$ $11 - 8 =$

$1 - 0 =$ $-4 - (-4) =$ $-12 - (-5) =$ $0 - 8 =$

$4 - 5 =$ $5 - 2 =$ $7 - (-2) =$ $-2 - 0 =$

$11 - 9 =$ $-18 - (-9) =$ $0 - 5 =$ $0 - (-2) =$

$7 - 3 =$ $-9 - (-4) =$ $-9 - (-6) =$ $1 - 9 =$

$0 - 5 =$ $0 - (-5) =$ $8 - (-1) =$ $-1 - 2 =$

$-1 - 0 =$ $7 - 0 =$ $-3 - (-5) =$ $4 - 4 =$

$0 - 3 =$ $-1 - 8 =$ $3 - 6 =$ $9 - 1 =$

$3 - (-1) =$ $13 - 9 =$ $2 - (-6) =$ $2 - (-5) =$

$6 - 3 =$ $-11 - (-4) =$ $4 - 3 =$ $-3 - 6 =$

$4 - 1 =$ $-1 - 0 =$ $-3 - 3 =$ $-3 - (-9) =$

$-9 - (-7) =$ $-6 - (-6) =$ $-3 - (-8) =$ $11 - 8 =$

$4 - 5 =$ $-17 - (-9) =$ $-2 - 1 =$ $0 - 8 =$

$4 - 9 =$ $12 - 9 =$ $-6 - (-6) =$ $1 - 1 =$

$6 - 7 =$ $0 - (-5) =$ $11 - 2 =$ $-11 - (-8) =$

$2 - 2 =$	$3 - 7 =$	$6 - 4 =$	$-12 - (-6) =$
$-9 - (-9) =$	$-7 - 0 =$	$-13 - (-5) =$	$12 - 7 =$
$-6 - (-3) =$	$-14 - (-5) =$	$11 - 4 =$	$3 - (-6) =$
$0 - 7 =$	$7 - 4 =$	$-3 - 1 =$	$-3 - (-3) =$
$4 - 0 =$	$-7 - (-5) =$	$1 - 6 =$	$-16 - (-7) =$
$-6 - (-8) =$	$3 - 3 =$	$-3 - 6 =$	$11 - 9 =$
$-2 - (-5) =$	$-12 - (-7) =$	$1 - (-3) =$	$-3 - 6 =$
$3 - 3 =$	$-9 - (-8) =$	$5 - 4 =$	$-4 - (-7) =$
$-2 - (-8) =$	$-1 - 3 =$	$9 - 1 =$	$-4 - (-8) =$
$-12 - (-7) =$	$2 - (-4) =$	$-14 - (-7) =$	$0 - (-2) =$
$0 - (-5) =$	$-11 - (-3) =$	$17 - 9 =$	$3 - 6 =$
$1 - (-1) =$	$1 - (-7) =$	$-12 - (-6) =$	$0 - 1 =$
$-1 - 6 =$	$-16 - (-8) =$	$2 - 3 =$	$-12 - (-7) =$
$-16 - (-9) =$	$11 - 8 =$	$1 - (-5) =$	$-5 - 1 =$
$6 - 4 =$	$-11 - (-8) =$	$1 - 0 =$	$10 - 7 =$
$-2 - (-5) =$	$1 - 9 =$	$4 - 2 =$	$-15 - (-6) =$
$-4 - 4 =$	$-2 - 2 =$	$-3 - (-9) =$	$3 - 4 =$

$7 - 0 =$ $-2 - (-8) =$ $-1 - (-5) =$ $-6 - 2 =$

$5 - 6 =$ $-1 - 2 =$ $-3 - 0 =$ $6 - 9 =$

$3 - 7 =$ $-6 - (-8) =$ $7 - 8 =$ $15 - 6 =$

$12 - 7 =$ $-5 - (-9) =$ $7 - 4 =$ $18 - 9 =$

$-5 - (-7) =$ $7 - 8 =$ $9 - 1 =$ $16 - 8 =$

$0 - (-1) =$ $-8 - 1 =$ $13 - 9 =$ $1 - (-3) =$

$-2 - (-3) =$ $-3 - 0 =$ $-5 - (-4) =$ $4 - 0 =$

$-9 - (-2) =$ $-14 - (-9) =$ $-6 - (-9) =$ $-8 - (-5) =$

$-14 - (-6) =$ $2 - (-4) =$ $7 - 9 =$ $-5 - (-8) =$

$-7 - 2 =$ $-3 - 1 =$ $1 - 8 =$ $3 - 4 =$

$-2 - (-7) =$ $-10 - (-5) =$ $-1 - 4 =$ $2 - 3 =$

$-9 - (-6) =$ $-3 - 2 =$ $-9 - (-7) =$ $-11 - (-9) =$

$0 - (-9) =$ $7 - 1 =$ $-6 - (-8) =$ $-4 - 4 =$

$1 - (-5) =$ $10 - 9 =$ $4 - 0 =$ $-9 - (-2) =$

$0 - (-4) =$ $-5 - (-7) =$ $13 - 8 =$ $2 - 8 =$

$6 - 5 =$ $2 - 1 =$ $-7 - 1 =$ $-11 - (-7) =$

$-8 - (-1) =$ $13 - 8 =$ $-5 - (-9) =$ $5 - 1 =$

$-2 - 2 =$	$-2 - 7 =$	$4 - (-3) =$	$-5 - (-9) =$
$-14 - (-5) =$	$4 - 4 =$	$4 - 9 =$	$-9 - (-5) =$
$-12 - (-8) =$	$15 - 8 =$	$5 - (-4) =$	$8 - 0 =$
$-2 - (-9) =$	$-17 - (-8) =$	$-14 - (-8) =$	$1 - (-4) =$
$-3 - (-3) =$	$-8 - (-9) =$	$-3 - 4 =$	$0 - (-5) =$
$7 - 6 =$	$-3 - (-4) =$	$2 - (-7) =$	$-2 - 6 =$
$-5 - 2 =$	$3 - 9 =$	$1 - 5 =$	$3 - (-2) =$
$7 - 8 =$	$1 - 6 =$	$2 - (-1) =$	$5 - (-4) =$
$0 - (-4) =$	$3 - 3 =$	$2 - 9 =$	$-4 - (-4) =$
$-8 - 0 =$	$5 - 2 =$	$-2 - (-7) =$	$1 - 5 =$
$8 - 5 =$	$13 - 7 =$	$-7 - 2 =$	$-2 - (-7) =$
$-1 - 0 =$	$-3 - (-9) =$	$5 - 7 =$	$2 - 2 =$
$-1 - 7 =$	$13 - 7 =$	$4 - 5 =$	$-5 - (-1) =$
$1 - 4 =$	$-10 - (-6) =$	$-3 - 5 =$	$-10 - (-4) =$
$-3 - 4 =$	$6 - 5 =$	$12 - 7 =$	$-2 - (-4) =$
$-6 - (-1) =$	$14 - 7 =$	$7 - 3 =$	$7 - 5 =$
$-8 - (-1) =$	$-8 - (-6) =$	$6 - 2 =$	$-3 - (-3) =$

$-4 - 1 =$ $-14 - (-8) =$ $18 - 9 =$ $6 - 8 =$

$9 - 8 =$ $-11 - (-3) =$ $-4 - (-7) =$ $3 - (-1) =$

$5 - 5 =$ $-15 - (-9) =$ $-5 - (-8) =$ $4 - (-1) =$

$-5 - 0 =$ $7 - 8 =$ $10 - 2 =$ $6 - 4 =$

$-8 - (-4) =$ $15 - 8 =$ $7 - (-2) =$ $-4 - (-4) =$

$-3 - (-7) =$ $8 - 7 =$ $8 - 5 =$ $-11 - (-2) =$

$-13 - (-5) =$ $9 - 3 =$ $0 - (-9) =$ $-14 - (-9) =$

$6 - 6 =$ $-5 - (-7) =$ $-12 - (-6) =$ $-3 - 4 =$

$-4 - (-7) =$ $5 - (-2) =$ $-8 - (-3) =$ $9 - 2 =$

$-6 - (-1) =$ $6 - 7 =$ $4 - (-3) =$ $15 - 6 =$

$10 - 9 =$ $4 - 4 =$ $-7 - (-7) =$ $11 - 6 =$

$0 - (-5) =$ $-13 - (-6) =$ $0 - 3 =$ $-8 - (-6) =$

$13 - 6 =$ $-1 - 7 =$ $-4 - (-2) =$ $0 - (-3) =$

$4 - (-5) =$ $5 - 6 =$ $1 - (-7) =$ $2 - (-6) =$

$0 - (-8) =$ $2 - (-1) =$ $-1 - 4 =$ $-10 - (-9) =$

$-14 - (-6) =$ $-13 - (-4) =$ $-3 - (-7) =$ $-10 - (-4) =$

$-2 - 2 =$ $-6 - (-6) =$ $2 - 0 =$ $8 - 5 =$

$9 - 6 =$	$3 - (-6) =$	$0 - 7 =$	$2 - 8 =$
$-15 - (-6) =$	$-1 - 3 =$	$-14 - (-7) =$	$10 - 8 =$
$12 - 6 =$	$-3 - (-2) =$	$7 - 9 =$	$9 - 3 =$
$-7 - 0 =$	$1 - 5 =$	$-5 - (-8) =$	$5 - 9 =$
$8 - 8 =$	$0 - (-1) =$	$2 - 7 =$	$7 - (-1) =$
$4 - 5 =$	$7 - 0 =$	$1 - 0 =$	$-2 - 6 =$
$-2 - 6 =$	$-11 - (-6) =$	$-10 - (-9) =$	$14 - 5 =$
$-3 - (-2) =$	$3 - 3 =$	$0 - 9 =$	$1 - 2 =$
$10 - 9 =$	$-3 - 6 =$	$2 - 8 =$	$-9 - (-2) =$
$-4 - (-7) =$	$4 - (-4) =$	$-17 - (-8) =$	$1 - 9 =$
$8 - 7 =$	$1 - (-7) =$	$-8 - (-9) =$	$-4 - 0 =$
$9 - 3 =$	$-7 - 2 =$	$8 - 1 =$	$2 - 0 =$
$6 - 5 =$	$-4 - 3 =$	$-4 - 2 =$	$2 - (-7) =$
$5 - 7 =$	$0 - (-6) =$	$-12 - (-8) =$	$1 - 0 =$
$3 - 2 =$	$-7 - (-8) =$	$4 - 8 =$	$-4 - (-5) =$
$16 - 7 =$	$-1 - 0 =$	$6 - (-2) =$	$-10 - (-8) =$
$8 - 4 =$	$0 - (-3) =$	$11 - 9 =$	$13 - 6 =$

$2 - (-1) =$ $-3 - (-4) =$ $-3 - 1 =$ $12 - 5 =$

$18 - 9 =$ $-3 - 4 =$ $-11 - (-8) =$ $-7 - (-4) =$

$-3 - (-2) =$ $0 - (-3) =$ $4 - 4 =$ $13 - 5 =$

$8 - 3 =$ $-12 - (-8) =$ $-5 - (-7) =$ $-4 - 3 =$

$-3 - 0 =$ $3 - 0 =$ $-1 - (-2) =$ $7 - 1 =$

$11 - 7 =$ $-1 - (-4) =$ $-1 - (-5) =$ $2 - (-1) =$

$7 - 4 =$ $-7 - 0 =$ $-9 - (-9) =$ $-12 - (-7) =$

$-1 - (-7) =$ $8 - (-1) =$ $6 - 9 =$ $-1 - (-1) =$

$7 - 9 =$ $-8 - (-3) =$ $-4 - (-5) =$ $5 - 8 =$

$-1 - 4 =$ $-1 - 5 =$ $13 - 7 =$ $5 - 8 =$

$-2 - (-4) =$ $-3 - (-5) =$ $2 - (-1) =$ $-3 - 4 =$

$11 - 7 =$ $0 - (-6) =$ $-8 - (-4) =$ $9 - 5 =$

$-7 - (-2) =$ $-4 - 2 =$ $14 - 8 =$ $-3 - 4 =$

$-2 - 4 =$ $6 - 3 =$ $-2 - (-8) =$ $1 - 7 =$

$-15 - (-8) =$ $17 - 8 =$ $11 - 7 =$ $-1 - (-9) =$

$-5 - (-2) =$ $-4 - (-5) =$ $-10 - (-1) =$ $10 - 1 =$

$-17 - (-8) =$ $0 - (-6) =$ $-11 - (-2) =$ $0 - 4 =$

-6 - 3 =	2 - 4 =	-2 - (-7) =	-7 - 2 =
8 - 2 =	10 - 6 =	-2 - 7 =	8 - 5 =
-6 - (-4) =	-3 - (-7) =	-12 - (-8) =	-3 - 2 =
-16 - (-7) =	13 - 9 =	3 - 4 =	-8 - (-4) =
3 - 4 =	13 - 8 =	-8 - (-4) =	-3 - 0 =
0 - 5 =	-7 - (-4) =	1 - 3 =	7 - 4 =
-2 - 7 =	13 - 7 =	-4 - 2 =	6 - 4 =
0 - 2 =	-4 - (-4) =	9 - 5 =	-1 - (-7) =
-2 - (-4) =	12 - 5 =	10 - 4 =	17 - 8 =
-2 - 6 =	-1 - (-2) =	6 - 8 =	-2 - 4 =
-3 - (-3) =	1 - (-4) =	13 - 4 =	-8 - 0 =
-1 - 2 =	3 - 3 =	-1 - 4 =	1 - 4 =
3 - 4 =	-13 - (-9) =	-3 - (-1) =	9 - 4 =
-5 - (-2) =	13 - 9 =	-7 - (-9) =	-4 - 4 =
-2 - 0 =	-1 - (-6) =	9 - 1 =	8 - 8 =
-9 - (-4) =	0 - 7 =	-7 - 1 =	13 - 7 =
18 - 9 =	4 - 8 =	0 - (-9) =	8 - 4 =

$10 - 8 =$	$7 - 8 =$	$-7 - (-2) =$	$10 - 4 =$
$14 - 9 =$	$-1 - 4 =$	$-6 - (-1) =$	$-1 - (-2) =$
$0 - 8 =$	$-1 - (-3) =$	$0 - 7 =$	$2 - (-7) =$
$0 - (-8) =$	$-1 - 0 =$	$-1 - 2 =$	$6 - (-3) =$
$17 - 8 =$	$-2 - 0 =$	$-6 - (-3) =$	$6 - 8 =$
$-12 - (-7) =$	$7 - 0 =$	$5 - 3 =$	$-12 - (-4) =$
$-1 - 5 =$	$0 - (-9) =$	$0 - (-8) =$	$3 - (-3) =$
$6 - 0 =$	$4 - (-1) =$	$2 - (-5) =$	$-9 - (-6) =$
$-5 - (-5) =$	$-2 - (-8) =$	$-8 - (-4) =$	$-16 - (-9) =$
$-2 - 5 =$	$-11 - (-6) =$	$1 - 8 =$	$-3 - (-7) =$
$1 - 6 =$	$5 - (-1) =$	$-10 - (-5) =$	$-6 - (-4) =$
$-13 - (-6) =$	$-8 - 1 =$	$-4 - 0 =$	$-1 - (-3) =$
$7 - 9 =$	$13 - 8 =$	$-1 - 1 =$	$-5 - 4 =$
$0 - (-1) =$	$1 - (-7) =$	$-11 - (-6) =$	$4 - (-3) =$
$-12 - (-5) =$	$-3 - 5 =$	$6 - 5 =$	$-2 - 7 =$
$5 - 4 =$	$-7 - (-2) =$	$13 - 4 =$	$0 - (-7) =$
$-4 - 5 =$	$-5 - 4 =$	$6 - (-3) =$	$-10 - (-3) =$

$-5 - (-5) =$	$12 - 7 =$	$13 - 7 =$	$-4 - (-9) =$
$-6 - (-1) =$	$1 - (-1) =$	$-12 - (-5) =$	$1 - 1 =$
$3 - 0 =$	$-9 - (-8) =$	$-10 - (-1) =$	$-3 - (-4) =$
$-1 - 7 =$	$7 - 2 =$	$-2 - (-7) =$	$-5 - (-3) =$
$11 - 9 =$	$-5 - (-3) =$	$2 - (-3) =$	$11 - 9 =$
$3 - 3 =$	$7 - (-2) =$	$3 - 9 =$	$-9 - (-6) =$
$1 - (-2) =$	$0 - 4 =$	$7 - 6 =$	$3 - (-5) =$
$-6 - (-6) =$	$9 - 4 =$	$7 - 4 =$	$0 - (-7) =$
$7 - (-1) =$	$5 - 6 =$	$2 - 6 =$	$-4 - (-8) =$
$1 - 4 =$	$-6 - (-2) =$	$-2 - (-8) =$	$8 - (-1) =$
$-7 - (-5) =$	$0 - 5 =$	$-15 - (-9) =$	$-10 - (-7) =$
$2 - (-4) =$	$3 - 1 =$	$-10 - (-9) =$	$-5 - 2 =$
$-4 - (-1) =$	$-7 - 1 =$	$-6 - 1 =$	$-3 - 5 =$
$-1 - (-6) =$	$-2 - (-4) =$	$9 - 4 =$	$0 - (-1) =$
$3 - 5 =$	$-3 - (-3) =$	$-2 - (-6) =$	$7 - 2 =$
$6 - 6 =$	$17 - 9 =$	$9 - 0 =$	$7 - 2 =$
$-16 - (-7) =$	$-16 - (-8) =$	$3 - 1 =$	$-3 - 5 =$

-5 - 3 =	-3 - 2 =	-2 -(-5)=	9 - 2 =
14 - 6 =	9 - 8 =	-1 -(-7)=	-4 - 0 =
-3 -(-1)=	-7 -(-2)=	0 -(-8)=	12 - 3 =
-8 -(-9)=	-3 -(-1)=	12 - 9 =	-8 -(-3)=
5 - 0 =	-9 -(-7)=	4 - 7 =	-2 - 0 =
-8 -(-7)=	4 - 5 =	1 -(-5)=	-11 -(-4)=
-1 - 2 =	-5 -(-7)=	-1 - 6 =	-8 -(-7)=
-7 - 0 =	1 - 0 =	16 - 9 =	-3 -(-3)=
-3 - 1 =	-1 - 2 =	1 - 6 =	2 - 1 =
13 - 6 =	1 -(-8)=	2 -(-4)=	1 - 6 =
-12 -(-8)=	6 - 7 =	-4 -(-8)=	12 - 9 =
2 -(-4)=	15 - 6 =	11 - 9 =	7 -(-1)=
-5 - 4 =	14 - 8 =	-1 - 3 =	-12 -(-8)=
8 - 2 =	-16 -(-7)=	12 - 4 =	1 - 0 =
0 - 7 =	3 - 7 =	6 - 4 =	-12 -(-8)=
7 - 5 =	-9 -(-2)=	-11 -(-8)=	8 - 3 =
-3 -(-4)=	3 - 7 =	-13 -(-9)=	5 - 6 =

$-11 - (-6) =$	$-7 - 2 =$	$-12 - (-9) =$	$-12 - (-3) =$
$-12 - (-5) =$	$4 - 5 =$	$11 - 9 =$	$-4 - 4 =$
$9 - 2 =$	$4 - 8 =$	$3 - 4 =$	$4 - 4 =$
$-13 - (-6) =$	$-3 - (-5) =$	$-3 - (-1) =$	$-1 - (-5) =$
$5 - 8 =$	$-7 - 2 =$	$-13 - (-5) =$	$-1 - (-2) =$
$-9 - (-3) =$	$9 - 3 =$	$1 - (-7) =$	$-9 - (-5) =$
$-9 - (-8) =$	$13 - 8 =$	$9 - 4 =$	$8 - 7 =$
$1 - 7 =$	$-4 - (-2) =$	$-14 - (-9) =$	$0 - (-6) =$
$-8 - (-8) =$	$8 - 0 =$	$-1 - (-9) =$	$8 - 8 =$
$3 - 7 =$	$2 - (-5) =$	$-17 - (-8) =$	$-6 - 1 =$
$7 - (-2) =$	$2 - (-4) =$	$14 - 5 =$	$5 - 1 =$
$-11 - (-4) =$	$2 - (-2) =$	$-6 - (-9) =$	$4 - 6 =$
$-5 - (-4) =$	$-7 - (-5) =$	$5 - (-3) =$	$-14 - (-8) =$
$9 - 9 =$	$-10 - (-1) =$	$8 - 7 =$	$5 - 0 =$
$6 - 8 =$	$2 - 8 =$	$2 - (-2) =$	$3 - 9 =$
$-4 - (-1) =$	$0 - (-4) =$	$9 - 5 =$	$8 - 9 =$
$-1 - 7 =$	$-2 - 0 =$	$-1 - (-3) =$	$-2 - 7 =$

$9 - 5 =$	$-11 - (-2) =$	$-13 - (-6) =$	$0 - 4 =$
$14 - 7 =$	$-9 - (-4) =$	$2 - (-7) =$	$10 - 6 =$
$-8 - (-3) =$	$-4 - (-3) =$	$17 - 8 =$	$13 - 7 =$
$-2 - (-7) =$	$-11 - (-8) =$	$12 - 9 =$	$0 - 9 =$
$-6 - 2 =$	$0 - (-2) =$	$1 - (-6) =$	$1 - 2 =$
$4 - (-4) =$	$-7 - (-3) =$	$6 - 9 =$	$-16 - (-7) =$
$1 - 5 =$	$1 - (-7) =$	$10 - 7 =$	$-5 - 4 =$
$-6 - 2 =$	$3 - 6 =$	$-6 - (-7) =$	$16 - 7 =$
$2 - (-4) =$	$-13 - (-5) =$	$3 - 5 =$	$3 - (-3) =$
$-8 - 0 =$	$-3 - (-8) =$	$14 - 6 =$	$3 - (-5) =$
$-15 - (-9) =$	$-2 - 2 =$	$13 - 6 =$	$-5 - 3 =$
$-6 - 3 =$	$-1 - (-4) =$	$9 - 7 =$	$8 - 1 =$
$-6 - (-3) =$	$-6 - (-2) =$	$-8 - (-9) =$	$-7 - (-2) =$
$2 - (-1) =$	$1 - 5 =$	$-2 - (-8) =$	$-9 - (-8) =$
$6 - 3 =$	$14 - 7 =$	$4 - 3 =$	$5 - (-1) =$
$11 - 3 =$	$-3 - 0 =$	$8 - 4 =$	$-3 - 2 =$
$-1 - (-7) =$	$8 - (-1) =$	$9 - 6 =$	$1 - 9 =$

$1 - 8 =$	$-2 - 5 =$	$8 - (-1) =$	$-1 - 7 =$
$13 - 5 =$	$-2 - 7 =$	$-9 - 0 =$	$1 - 9 =$
$-2 - (-9) =$	$-15 - (-6) =$	$-1 - (-1) =$	$18 - 9 =$
$6 - 6 =$	$-7 - (-8) =$	$6 - 4 =$	$4 - (-5) =$
$-1 - (-2) =$	$-6 - (-2) =$	$10 - 4 =$	$-16 - (-8) =$
$-10 - (-5) =$	$-9 - (-9) =$	$-16 - (-8) =$	$-15 - (-6) =$
$7 - (-2) =$	$-17 - (-8) =$	$4 - 3 =$	$0 - 3 =$
$-5 - 0 =$	$-3 - 5 =$	$-1 - (-7) =$	$-1 - (-8) =$
$0 - (-8) =$	$-1 - (-5) =$	$-3 - 2 =$	$-3 - (-4) =$
$-10 - (-2) =$	$9 - 9 =$	$-6 - (-1) =$	$12 - 3 =$
$-14 - (-5) =$	$-12 - (-8) =$	$1 - (-7) =$	$13 - 9 =$
$3 - 4 =$	$1 - 4 =$	$14 - 8 =$	$4 - 4 =$
$12 - 8 =$	$12 - 3 =$	$6 - (-1) =$	$-4 - 5 =$
$-11 - (-2) =$	$-6 - (-4) =$	$3 - 2 =$	$-9 - (-1) =$
$-8 - (-8) =$	$-7 - (-6) =$	$1 - (-2) =$	$1 - 8 =$
$-15 - (-8) =$	$-7 - (-5) =$	$7 - (-2) =$	$9 - 4 =$
$-2 - (-3) =$	$-11 - (-5) =$	$1 - (-1) =$	$-1 - (-9) =$

$2 - 2 =$

$5 - (-4) =$

$-1 - (-6) =$

$-10 - (-2) =$

$9 - 3 =$

$7 - 2 =$

$17 - 9 =$

$-4 - 5 =$

$-3 - 4 =$

$6 - 2 =$

$3 - 5 =$

$-6 - (-9) =$

$0 - 8 =$

$5 - 3 =$

$-8 - (-5) =$

$-3 - 5 =$

$0 - (-7) =$

$8 - (-1) =$

$0 - (-2) =$

$-2 - (-2) =$

$8 - 9 =$

$4 - 7 =$

$-10 - (-6) =$

$-15 - (-6) =$

$-3 - 5 =$

$6 - (-1) =$

$-15 - (-9) =$

$10 - 6 =$

$7 - 3 =$

$10 - 7 =$

$-12 - (-4) =$

$-7 - (-5) =$

$6 - (-1) =$

$-4 - (-5) =$

$-5 - 1 =$

$-4 - (-3) =$

$-6 - (-8) =$

$-12 - (-5) =$

$-11 - (-4) =$

$-6 - (-5) =$

$-8 - (-1) =$

$8 - 3 =$

$-5 - 2 =$

$1 - 8 =$

$0 - 1 =$

$-7 - 2 =$

$-14 - (-6) =$

$-1 - (-4) =$

$-2 - (-3) =$

$2 - 2 =$

$-7 - (-6) =$

$-11 - (-6) =$

$-16 - (-8) =$

$-10 - (-1) =$

$-9 - (-3) =$

$-5 - (-8) =$

$-7 - (-7) =$

$-5 - (-1) =$

$12 - 6 =$

$-6 - (-4) =$

$1 - (-7) =$

$17 - 9 =$

$4 - 9 =$

$3 - 2 =$

$3 - 4 =$

$8 - (-1) =$

$11 - 7 =$

$-4 - (-7) =$

11 - 3 =	7 - 5 =	-2 - (-1) =	18 - 9 =
3 - (-6) =	3 - (-4) =	2 - 6 =	10 - 5 =
7 - 4 =	-3 - 0 =	-2 - (-8) =	-7 - (-5) =
14 - 5 =	13 - 9 =	-1 - (-2) =	-13 - (-7) =
14 - 5 =	14 - 5 =	-14 - (-5) =	4 - (-2) =
1 - 6 =	-5 - 0 =	1 - (-5) =	-4 - (-8) =
12 - 9 =	8 - 8 =	7 - 7 =	-1 - 0 =
5 - 5 =	-7 - (-3) =	-1 - (-1) =	-12 - (-3) =
2 - (-1) =	-14 - (-5) =	-5 - (-4) =	-4 - 5 =
5 - 4 =	11 - 8 =	6 - 3 =	3 - (-5) =
-5 - 1 =	7 - (-2) =	-3 - 2 =	-3 - 6 =
-9 - (-9) =	6 - 5 =	8 - (-1) =	16 - 9 =
-9 - (-1) =	-13 - (-4) =	8 - 3 =	10 - 3 =
-5 - (-4) =	3 - 5 =	9 - 1 =	5 - 2 =
12 - 8 =	17 - 8 =	5 - (-1) =	-12 - (-3) =
6 - 1 =	-4 - (-1) =	-7 - (-7) =	-13 - (-9) =
-6 - (-3) =	2 - 6 =	-3 - (-7) =	5 - 4 =

$-18 - (-9) =$ $13 - 4 =$ $3 - (-3) =$ $-7 - (-3) =$

$1 - 9 =$ $-3 - 1 =$ $-4 - 4 =$ $-9 - (-7) =$

$-14 - (-7) =$ $3 - (-6) =$ $-15 - (-9) =$ $1 - (-1) =$

$2 - (-5) =$ $0 - (-6) =$ $5 - (-1) =$ $-10 - (-9) =$

$-13 - (-4) =$ $13 - 7 =$ $-9 - (-2) =$ $-1 - 2 =$

$14 - 6 =$ $-9 - (-9) =$ $-17 - (-9) =$ $-7 - (-8) =$

$-14 - (-9) =$ $-1 - (-9) =$ $10 - 2 =$ $-2 - (-5) =$

$-17 - (-9) =$ $-2 - (-8) =$ $12 - 6 =$ $9 - 4 =$

$-6 - (-4) =$ $-8 - (-1) =$ $-6 - 2 =$ $-6 - 1 =$

$7 - 4 =$ $-5 - (-8) =$ $-1 - (-3) =$ $-6 - (-3) =$

$1 - (-6) =$ $7 - 8 =$ $-8 - (-3) =$ $14 - 8 =$

$-1 - (-9) =$ $-1 - 8 =$ $-2 - (-5) =$ $4 - 3 =$

$-1 - 6 =$ $-11 - (-2) =$ $-12 - (-4) =$ $0 - 2 =$

$0 - 5 =$ $-8 - (-7) =$ $0 - 4 =$ $0 - (-5) =$

$4 - 2 =$ $-3 - (-7) =$ $11 - 5 =$ $-5 - (-1) =$

$-2 - (-1) =$ $-4 - 4 =$ $12 - 7 =$ $5 - 4 =$

$-5 - 1 =$ $2 - 2 =$ $-11 - (-4) =$ $1 - (-8) =$

51

6 - 0 =	-5 - (-5) =	4 - (-4) =	-4 - (-4) =
4 - 6 =	0 - 9 =	-9 - 0 =	-12 - (-8) =
-4 - 3 =	2 - 8 =	5 - (-4) =	-2 - (-4) =
8 - 5 =	-4 - (-5) =	-5 - (-7) =	-5 - 2 =
11 - 9 =	-11 - (-6) =	-3 - 3 =	-7 - (-6) =
2 - 7 =	-12 - (-7) =	-3 - 1 =	-4 - 4 =
2 - (-4) =	9 - 1 =	-14 - (-5) =	-4 - 0 =
-7 - (-9) =	-12 - (-9) =	8 - 0 =	1 - (-8) =
1 - (-5) =	-10 - (-2) =	-9 - (-8) =	6 - 3 =
-2 - 0 =	-8 - (-6) =	-7 - (-5) =	-9 - (-3) =
2 - 6 =	4 - 4 =	12 - 5 =	2 - 7 =
-6 - 3 =	7 - (-1) =	-9 - (-3) =	-4 - 4 =
-12 - (-4) =	5 - 1 =	2 - 3 =	-3 - (-4) =
4 - 0 =	7 - (-2) =	13 - 5 =	-6 - (-6) =
-6 - 1 =	-9 - (-1) =	-4 - (-9) =	-5 - (-3) =
-14 - (-5) =	-4 - 2 =	2 - (-5) =	8 - 9 =
-7 - (-2) =	9 - 4 =	3 - 0 =	4 - 0 =

$8 - 7 =$ $-1 - (-9) =$ $2 - (-4) =$ $-7 - 2 =$

$13 - 4 =$ $-9 - (-6) =$ $14 - 9 =$ $1 - (-1) =$

$-8 - (-4) =$ $-5 - (-4) =$ $14 - 9 =$ $-8 - (-5) =$

$1 - (-8) =$ $-12 - (-5) =$ $-9 - (-9) =$ $-8 - (-9) =$

$-2 - (-1) =$ $1 - (-6) =$ $5 - 7 =$ $2 - (-2) =$

$6 - (-3) =$ $1 - (-2) =$ $5 - (-4) =$ $-4 - (-8) =$

$2 - 4 =$ $-1 - 1 =$ $2 - (-6) =$ $12 - 7 =$

$-1 - (-7) =$ $2 - 8 =$ $1 - 5 =$ $-1 - (-6) =$

$10 - 9 =$ $-17 - (-9) =$ $8 - 7 =$ $10 - 8 =$

$-2 - 4 =$ $-11 - (-7) =$ $-12 - (-6) =$ $14 - 9 =$

$-2 - 3 =$ $-7 - (-7) =$ $9 - 7 =$ $2 - 5 =$

$1 - 6 =$ $0 - 2 =$ $6 - 5 =$ $-6 - (-8) =$

$3 - 4 =$ $11 - 5 =$ $5 - 7 =$ $-13 - (-9) =$

$7 - 3 =$ $-8 - (-2) =$ $-1 - 1 =$ $-2 - 0 =$

$10 - 8 =$ $0 - (-7) =$ $8 - 5 =$ $0 - 4 =$

$11 - 5 =$ $1 - (-7) =$ $-8 - (-5) =$ $15 - 7 =$

$-1 - 6 =$ $-2 - 3 =$ $2 - 8 =$ $4 - (-3) =$

$11 - 7 =$	$10 - 8 =$	$4 - 9 =$	$-1 - (-3) =$
$-3 - (-9) =$	$0 - 0 =$	$-2 - 4 =$	$3 - 3 =$
$-7 - (-2) =$	$4 - (-5) =$	$-4 - (-7) =$	$-1 - (-2) =$
$-6 - (-8) =$	$-10 - (-1) =$	$6 - (-2) =$	$-2 - (-3) =$
$1 - 7 =$	$-9 - (-2) =$	$6 - 9 =$	$0 - 2 =$
$-11 - (-3) =$	$-5 - (-7) =$	$-8 - (-4) =$	$-13 - (-4) =$
$3 - 2 =$	$-12 - (-6) =$	$-7 - (-6) =$	$13 - 7 =$
$3 - (-1) =$	$9 - 8 =$	$-6 - (-9) =$	$-8 - 0 =$
$9 - 0 =$	$4 - 5 =$	$1 - (-2) =$	$2 - 5 =$
$-4 - (-6) =$	$-3 - (-7) =$	$-3 - 4 =$	$-13 - (-9) =$
$-13 - (-6) =$	$2 - 7 =$	$-6 - (-1) =$	$5 - 7 =$
$-2 - 1 =$	$-1 - 5 =$	$-7 - 2 =$	$-12 - (-6) =$
$0 - (-5) =$	$1 - (-6) =$	$7 - (-2) =$	$-7 - (-1) =$
$-10 - (-8) =$	$2 - 1 =$	$0 - (-9) =$	$-2 - (-6) =$
$16 - 7 =$	$12 - 9 =$	$-18 - (-9) =$	$1 - 6 =$
$-3 - 3 =$	$-14 - (-5) =$	$0 - (-7) =$	$6 - 2 =$
$-1 - (-7) =$	$-10 - (-4) =$	$5 - 1 =$	$-12 - (-3) =$

$0 - 4 =$

$-15 - (-6) =$

$4 - (-1) =$

$2 - (-6) =$

$-12 - (-3) =$

$13 - 9 =$

$-9 - (-3) =$

$3 - (-4) =$

$-10 - (-4) =$

$14 - 9 =$

$-11 - (-4) =$

$-6 - (-3) =$

$8 - 2 =$

$-2 - 2 =$

$-2 - (-7) =$

$4 - 9 =$

$-2 - (-1) =$

$10 - 6 =$

$0 - (-5) =$

$-1 - (-3) =$

$-10 - (-9) =$

$-2 - 5 =$

$-10 - (-2) =$

$2 - 1 =$

$3 - (-6) =$

$-1 - (-2) =$

$-13 - (-8) =$

$14 - 8 =$

$-2 - (-1) =$

$-5 - (-1) =$

$8 - 9 =$

$15 - 7 =$

$-5 - (-9) =$

$-5 - 1 =$

$-13 - (-9) =$

$-2 - (-9) =$

$-4 - (-8) =$

$14 - 8 =$

$-4 - (-3) =$

$-3 - 2 =$

$2 - 6 =$

$-14 - (-7) =$

$1 - 4 =$

$-4 - 0 =$

$14 - 9 =$

$-11 - (-7) =$

$16 - 7 =$

$-7 - (-7) =$

$-5 - (-6) =$

$-4 - (-1) =$

$-6 - 2 =$

$-4 - 5 =$

$8 - 9 =$

$12 - 7 =$

$10 - 8 =$

$-4 - (-6) =$

$2 - 2 =$

$5 - (-2) =$

$7 - 7 =$

$16 - 7 =$

$8 - (-1) =$

$1 - 2 =$

$-15 - (-6) =$

$-6 - (-2) =$

$8 - 6 =$

$-12 - (-3) =$

$-11 - (-7) =$

$-4 - 0 =$

-5 - 2 =   -1 - (-9) =   11 - 4 =   0 - 8 =

5 - 8 =   14 - 6 =   3 - 1 =   -15 - (-6) =

-13 - (-6) =   0 - (-1) =   14 - 7 =   1 - 3 =

14 - 5 =   -13 - (-7) =   0 - 2 =   4 - 4 =

2 - 5 =   5 - 1 =   -1 - (-9) =   -2 - (-4) =

2 - 4 =   14 - 6 =   -9 - (-2) =   -8 - (-2) =

14 - 6 =   2 - 1 =   -9 - (-7) =   4 - 2 =

-8 - 1 =   -1 - (-4) =   4 - 6 =   -6 - 0 =

-18 - (-9) =   -11 - (-3) =   7 - 8 =   6 - 3 =

-14 - (-6) =   7 - 0 =   -4 - (-8) =   13 - 7 =

-6 - (-6) =   8 - (-1) =   5 - 6 =   12 - 5 =

-4 - 2 =   13 - 4 =   -9 - (-9) =   -6 - (-8) =

12 - 9 =   12 - 3 =   14 - 9 =   11 - 9 =

0 - (-2) =   -4 - (-2) =   -2 - 4 =   -11 - (-9) =

1 - (-6) =   -12 - (-8) =   2 - (-1) =   7 - 5 =

-15 - (-9) =   0 - (-2) =   -3 - (-6) =   -12 - (-5) =

-5 - 1 =   -4 - (-9) =   2 - (-7) =   1 - (-1) =

$15 - 7 =$ $-12 - (-9) =$ $-7 - (-5) =$ $-4 - (-8) =$

$-11 - (-3) =$ $-3 - (-3) =$ $1 - (-1) =$ $6 - (-2) =$

$-4 - 1 =$ $-3 - (-6) =$ $6 - 7 =$ $9 - 5 =$

$0 - 9 =$ $-3 - (-1) =$ $-7 - (-1) =$ $15 - 6 =$

$1 - 2 =$ $-5 - (-1) =$ $-2 - 1 =$ $5 - 9 =$

$9 - 3 =$ $12 - 7 =$ $-9 - (-2) =$ $15 - 7 =$

$5 - 0 =$ $9 - 7 =$ $-6 - (-2) =$ $13 - 7 =$

$3 - 8 =$ $1 - (-6) =$ $-16 - (-9) =$ $-10 - (-6) =$

$6 - 4 =$ $-3 - 6 =$ $-11 - (-9) =$ $-12 - (-7) =$

$16 - 8 =$ $3 - 4 =$ $-15 - (-9) =$ $3 - (-4) =$

$-10 - (-2) =$ $8 - 8 =$ $-10 - (-9) =$ $2 - 7 =$

$-2 - (-8) =$ $-2 - (-8) =$ $0 - 4 =$ $0 - 1 =$

$-2 - (-2) =$ $0 - (-8) =$ $-8 - 0 =$ $-2 - 6 =$

$7 - (-2) =$ $-3 - (-3) =$ $2 - (-5) =$ $11 - 7 =$

$-4 - (-6) =$ $-6 - (-6) =$ $2 - 1 =$ $-10 - (-2) =$

$-1 - (-2) =$ $-6 - (-3) =$ $-5 - (-2) =$ $10 - 7 =$

$13 - 9 =$ $-2 - (-3) =$ $-14 - (-7) =$ $-9 - (-3) =$

Part 3: Practice Multiplication with Negative Numbers

When multiplying one positive number and one negative number together, just multiply both numbers together and add a minus sign to the result. Here are some examples: $3 \times (-2) = -6$ and $-4 \times 3 = -12$.

However, when multiplying two negative numbers together, the result is positive. For example, $-8 \times (-2) = 16$ and $-1 \times (-7) = 7$. Essentially, the two minus signs cancel, making a positive sign.

EXAMPLES

$$4 \times (-8) = ?$$
$$4 \times (-8) = -32$$

$$-2 \times (-5) = ?$$
$$-2 \times (-5) = 10$$

$$-7 \times 5 = ?$$
$$-7 \times 5 = -35$$

$$-3 \times 6 = ?$$
$$-3 \times 6 = -18$$

$$0 \times (-7) = ?$$
$$0 \times (-7) = 0$$

$$-9 \times (-8) = ?$$
$$-9 \times (-8) = 72$$

$-2 \times 6 =$

$8 \times 3 =$

$-5 \times (-5) =$

$6 \times (-6) =$

$0 \times (-6) =$

$8 \times (-9) =$

$-5 \times 6 =$

$5 \times (-1) =$

$-1 \times (-3) =$

$-5 \times 2 =$

$-7 \times 7 =$

$-6 \times 5 =$

$6 \times 4 =$

$2 \times (-4) =$

$7 \times (-9) =$

$9 \times 5 =$

$-4 \times (-2) =$

$5 \times 1 =$

$-6 \times 5 =$

$1 \times (-3) =$

$-6 \times 2 =$

$-8 \times (-1) =$

$-3 \times (-4) =$

$-1 \times 1 =$

$5 \times (-1) =$

$-1 \times (-3) =$

$-5 \times (-1) =$

$9 \times 1 =$

$2 \times (-7) =$

$5 \times (-3) =$

$-8 \times 7 =$

$1 \times 7 =$

$2 \times 8 =$

$7 \times (-1) =$

$-5 \times 4 =$

$-2 \times (-1) =$

$7 \times (-5) =$

$-6 \times (-1) =$

$8 \times (-2) =$

$9 \times (-9) =$

$-7 \times 5 =$

$-4 \times (-1) =$

$-6 \times 8 =$

$-8 \times 6 =$

$6 \times (-8) =$

$-7 \times (-9) =$

$-5 \times 3 =$

$-6 \times (-7) =$

$-1 \times (-2) =$

$-5 \times 9 =$

$-8 \times 7 =$

$6 \times 1 =$

$-7 \times 4 =$

$-2 \times (-3) =$

$-3 \times 1 =$

$4 \times 0 =$

$-2 \times (-2) =$

$-1 \times 7 =$

$-3 \times (-1) =$

$9 \times (-2) =$

$6 \times (-9) =$

$1 \times 2 =$

$3 \times (-9) =$

$8 \times 4 =$

$5 \times (-5) =$

$7 \times 6 =$

$6 \times (-9) =$

$-3 \times 9 =$

-4 × 0 =	7 × (-8) =	4 × 3 =	8 × 8 =
6 × (-1) =	7 × (-9) =	0 × (-9) =	2 × 6 =
4 × (-9) =	7 × 2 =	8 × 7 =	0 × 8 =
2 × (-5) =	2 × (-7) =	-7 × (-3) =	5 × 3 =
0 × (-7) =	9 × (-3) =	2 × (-2) =	2 × (-4) =
1 × 7 =	-8 × (-7) =	6 × (-4) =	-9 × 9 =
-3 × 6 =	-1 × 0 =	-4 × 6 =	6 × (-9) =
6 × 2 =	-1 × 6 =	8 × 9 =	-7 × (-4) =
-6 × 5 =	2 × (-6) =	-8 × 6 =	9 × 8 =
-2 × 3 =	-4 × 7 =	-9 × (-5) =	-4 × 3 =
5 × (-6) =	-4 × (-4) =	5 × (-4) =	-3 × (-2) =
0 × 2 =	-2 × 3 =	-9 × 3 =	-2 × (-2) =
-4 × 3 =	7 × 7 =	-7 × (-4) =	-6 × (-9) =
0 × 9 =	-2 × (-1) =	-6 × (-4) =	-8 × (-1) =
8 × 7 =	-1 × (-6) =	3 × (-8) =	2 × 9 =
-4 × (-2) =	9 × (-1) =	-1 × 2 =	7 × (-7) =
2 × 1 =	2 × (-3) =	-2 × (-4) =	1 × (-5) =

$7 \times 2 =$	$6 \times (-2) =$	$5 \times 5 =$	$-2 \times (-1) =$
$-6 \times (-3) =$	$0 \times 0 =$	$8 \times 6 =$	$5 \times (-2) =$
$-4 \times 7 =$	$2 \times (-2) =$	$8 \times 8 =$	$2 \times (-4) =$
$7 \times (-6) =$	$-9 \times 0 =$	$-1 \times (-4) =$	$-7 \times 5 =$
$9 \times 9 =$	$-9 \times 9 =$	$-6 \times (-8) =$	$-7 \times 3 =$
$-9 \times 2 =$	$-6 \times 5 =$	$6 \times 5 =$	$0 \times 6 =$
$5 \times 5 =$	$-9 \times (-6) =$	$-1 \times (-3) =$	$-8 \times (-7) =$
$9 \times 6 =$	$2 \times 0 =$	$0 \times (-5) =$	$9 \times 4 =$
$-4 \times (-1) =$	$-9 \times 5 =$	$2 \times 5 =$	$-4 \times (-8) =$
$6 \times (-5) =$	$-3 \times (-7) =$	$6 \times 1 =$	$9 \times 2 =$
$3 \times (-9) =$	$1 \times 1 =$	$1 \times 1 =$	$0 \times 7 =$
$8 \times (-4) =$	$7 \times 1 =$	$7 \times (-2) =$	$2 \times (-2) =$
$-2 \times 1 =$	$-6 \times (-4) =$	$0 \times (-6) =$	$9 \times 9 =$
$0 \times 4 =$	$-4 \times 5 =$	$4 \times (-7) =$	$-2 \times (-8) =$
$-7 \times (-5) =$	$-4 \times (-3) =$	$7 \times 8 =$	$-6 \times (-5) =$
$8 \times 0 =$	$0 \times 9 =$	$-3 \times 1 =$	$-4 \times 8 =$
$6 \times 9 =$	$-7 \times (-8) =$	$-4 \times 7 =$	$-3 \times 9 =$

$0 \times 6 =$	$-2 \times 5 =$	$8 \times 0 =$	$7 \times (-8) =$
$8 \times (-3) =$	$-4 \times 2 =$	$6 \times 2 =$	$-9 \times (-5) =$
$-6 \times (-5) =$	$1 \times (-9) =$	$-6 \times 8 =$	$2 \times 8 =$
$7 \times 9 =$	$0 \times (-6) =$	$-8 \times (-9) =$	$3 \times (-9) =$
$-9 \times 5 =$	$-8 \times 4 =$	$8 \times 1 =$	$-2 \times (-9) =$
$7 \times 9 =$	$-5 \times 8 =$	$-5 \times 0 =$	$-2 \times (-2) =$
$6 \times 9 =$	$-9 \times 8 =$	$-2 \times (-7) =$	$0 \times 0 =$
$-1 \times (-4) =$	$6 \times (-2) =$	$3 \times 3 =$	$-6 \times 0 =$
$-5 \times (-7) =$	$-9 \times 0 =$	$-9 \times (-8) =$	$-5 \times 7 =$
$-4 \times 3 =$	$-9 \times (-7) =$	$-9 \times 4 =$	$1 \times (-6) =$
$4 \times (-9) =$	$-4 \times 5 =$	$0 \times 1 =$	$-4 \times (-9) =$
$0 \times (-4) =$	$-9 \times (-5) =$	$-7 \times 0 =$	$7 \times 6 =$
$-2 \times 7 =$	$0 \times 4 =$	$9 \times 0 =$	$9 \times 8 =$
$5 \times (-3) =$	$7 \times 2 =$	$4 \times (-9) =$	$1 \times (-5) =$
$4 \times (-7) =$	$8 \times (-8) =$	$8 \times (-5) =$	$-6 \times (-7) =$
$5 \times (-5) =$	$0 \times 7 =$	$4 \times (-6) =$	$-6 \times (-1) =$
$-7 \times 5 =$	$-4 \times 2 =$	$-6 \times 8 =$	$-8 \times 7 =$

$5 \times 3 =$ $-2 \times (-9) =$ $6 \times (-9) =$ $0 \times (-8) =$

$9 \times (-5) =$ $0 \times 5 =$ $6 \times (-1) =$ $2 \times 2 =$

$6 \times 0 =$ $-9 \times (-8) =$ $-5 \times (-3) =$ $2 \times 2 =$

$-3 \times (-3) =$ $-9 \times 2 =$ $-1 \times 3 =$ $2 \times (-6) =$

$-4 \times 0 =$ $-3 \times (-9) =$ $-2 \times (-7) =$ $-8 \times (-5) =$

$-9 \times 8 =$ $4 \times (-6) =$ $-8 \times 2 =$ $1 \times 6 =$

$9 \times (-2) =$ $3 \times (-7) =$ $5 \times 1 =$ $3 \times 4 =$

$-9 \times (-5) =$ $-5 \times (-3) =$ $1 \times (-5) =$ $0 \times (-6) =$

$0 \times 1 =$ $-3 \times 2 =$ $5 \times (-7) =$ $7 \times 9 =$

$-3 \times 4 =$ $4 \times (-9) =$ $-7 \times (-2) =$ $-4 \times 0 =$

$7 \times 2 =$ $-9 \times (-6) =$ $4 \times (-1) =$ $-4 \times 5 =$

$-9 \times 0 =$ $7 \times (-4) =$ $3 \times (-3) =$ $5 \times 9 =$

$4 \times 3 =$ $9 \times 2 =$ $9 \times (-6) =$ $3 \times 8 =$

$4 \times 4 =$ $5 \times (-2) =$ $4 \times 9 =$ $0 \times (-8) =$

$-1 \times 4 =$ $-8 \times 8 =$ $-8 \times (-9) =$ $5 \times (-2) =$

$-8 \times 4 =$ $6 \times 7 =$ $2 \times (-4) =$ $-2 \times 3 =$

$3 \times 5 =$ $-1 \times (-9) =$ $7 \times 3 =$ $-1 \times 1 =$

$6 \times 9 =$	$4 \times 9 =$	$0 \times (-6) =$	$0 \times (-3) =$
$4 \times 4 =$	$-1 \times 8 =$	$4 \times (-3) =$	$-8 \times 1 =$
$-6 \times 0 =$	$-3 \times 4 =$	$5 \times 0 =$	$2 \times (-5) =$
$-8 \times 8 =$	$-4 \times (-5) =$	$-1 \times (-9) =$	$-2 \times (-6) =$
$6 \times (-2) =$	$6 \times 0 =$	$8 \times 6 =$	$-5 \times (-2) =$
$5 \times 4 =$	$6 \times 9 =$	$0 \times 4 =$	$4 \times 6 =$
$0 \times (-7) =$	$-5 \times 8 =$	$-2 \times (-4) =$	$-4 \times (-9) =$
$1 \times 2 =$	$-7 \times 3 =$	$-3 \times 2 =$	$3 \times 7 =$
$7 \times (-2) =$	$0 \times (-5) =$	$7 \times (-8) =$	$7 \times (-2) =$
$3 \times 4 =$	$0 \times (-5) =$	$4 \times (-2) =$	$-4 \times 7 =$
$6 \times (-3) =$	$-3 \times 4 =$	$1 \times (-5) =$	$-2 \times 2 =$
$4 \times (-9) =$	$-5 \times 2 =$	$-5 \times 5 =$	$-5 \times 9 =$
$-5 \times (-5) =$	$5 \times 8 =$	$-1 \times 1 =$	$-9 \times (-6) =$
$-7 \times 6 =$	$9 \times 5 =$	$1 \times 9 =$	$5 \times 3 =$
$-3 \times 3 =$	$0 \times 0 =$	$5 \times 4 =$	$4 \times (-1) =$
$5 \times 6 =$	$4 \times 5 =$	$9 \times 1 =$	$9 \times 6 =$
$6 \times 1 =$	$2 \times (-6) =$	$-3 \times 3 =$	$-4 \times (-1) =$

$8 \times 3 =$ $4 \times (-1) =$ $7 \times 2 =$ $8 \times 5 =$

$-1 \times (-5) =$ $-4 \times (-3) =$ $8 \times 8 =$ $1 \times 1 =$

$0 \times 9 =$ $8 \times 8 =$ $-2 \times (-6) =$ $-6 \times 8 =$

$-9 \times (-9) =$ $6 \times 4 =$ $0 \times 8 =$ $-2 \times (-8) =$

$7 \times 2 =$ $6 \times 1 =$ $-2 \times (-6) =$ $-8 \times 0 =$

$6 \times (-9) =$ $-3 \times 9 =$ $-3 \times 8 =$ $-1 \times 6 =$

$7 \times 2 =$ $-5 \times (-2) =$ $4 \times (-8) =$ $-7 \times (-8) =$

$-6 \times 2 =$ $2 \times 7 =$ $-2 \times 3 =$ $-9 \times 4 =$

$1 \times (-9) =$ $8 \times 0 =$ $-7 \times (-8) =$ $9 \times 0 =$

$3 \times 0 =$ $-7 \times (-6) =$ $4 \times 9 =$ $6 \times 4 =$

$0 \times 8 =$ $-4 \times 3 =$ $4 \times 0 =$ $4 \times 6 =$

$-1 \times (-6) =$ $-4 \times (-5) =$ $-8 \times 7 =$ $9 \times (-1) =$

$6 \times 4 =$ $-4 \times (-4) =$ $-6 \times 0 =$ $8 \times (-4) =$

$-5 \times 5 =$ $-1 \times (-3) =$ $7 \times (-3) =$ $4 \times 5 =$

$-6 \times 8 =$ $-1 \times 4 =$ $1 \times (-3) =$ $0 \times 4 =$

$1 \times 3 =$ $9 \times (-5) =$ $1 \times (-9) =$ $5 \times 1 =$

$8 \times (-1) =$ $3 \times 6 =$ $0 \times (-9) =$ $-8 \times 9 =$

$9 \times (-9) =$	$5 \times (-3) =$	$-5 \times (-7) =$	$-5 \times (-6) =$
$1 \times (-1) =$	$-7 \times (-2) =$	$0 \times 8 =$	$-4 \times (-6) =$
$-3 \times (-5) =$	$-1 \times 2 =$	$-3 \times (-8) =$	$0 \times 9 =$
$-6 \times (-5) =$	$-6 \times 3 =$	$1 \times (-8) =$	$7 \times (-9) =$
$-1 \times 2 =$	$4 \times 7 =$	$5 \times (-5) =$	$-4 \times (-2) =$
$4 \times 9 =$	$-3 \times 3 =$	$8 \times (-7) =$	$0 \times 7 =$
$5 \times (-2) =$	$-7 \times 0 =$	$-1 \times 7 =$	$-6 \times 6 =$
$7 \times 0 =$	$8 \times (-6) =$	$8 \times (-2) =$	$-7 \times 0 =$
$-9 \times (-4) =$	$5 \times 4 =$	$9 \times 5 =$	$-8 \times (-3) =$
$-2 \times 3 =$	$5 \times 2 =$	$2 \times (-2) =$	$4 \times 0 =$
$-8 \times 8 =$	$5 \times 0 =$	$-4 \times (-1) =$	$-7 \times 7 =$
$-4 \times 8 =$	$-2 \times (-1) =$	$-1 \times 4 =$	$2 \times 6 =$
$-8 \times 5 =$	$-6 \times (-4) =$	$-1 \times 0 =$	$-8 \times (-2) =$
$-7 \times 9 =$	$-6 \times 9 =$	$-2 \times 8 =$	$0 \times (-5) =$
$9 \times (-1) =$	$-9 \times (-3) =$	$0 \times 7 =$	$8 \times (-6) =$
$-5 \times 1 =$	$0 \times 4 =$	$8 \times 4 =$	$7 \times 2 =$
$-3 \times (-1) =$	$0 \times (-8) =$	$-2 \times (-2) =$	$4 \times (-6) =$

$-2 \times 7 =$	$5 \times 2 =$	$-7 \times 5 =$	$-8 \times (-2) =$
$-1 \times 9 =$	$-5 \times 6 =$	$7 \times (-7) =$	$-8 \times (-8) =$
$6 \times 3 =$	$-9 \times 1 =$	$8 \times 5 =$	$-6 \times 3 =$
$2 \times 4 =$	$-6 \times 5 =$	$-5 \times 1 =$	$9 \times 3 =$
$3 \times (-3) =$	$6 \times (-4) =$	$4 \times 6 =$	$4 \times (-8) =$
$5 \times 2 =$	$2 \times 3 =$	$5 \times 3 =$	$-4 \times (-5) =$
$1 \times 9 =$	$4 \times 7 =$	$8 \times 8 =$	$8 \times (-7) =$
$8 \times (-2) =$	$0 \times 1 =$	$7 \times 4 =$	$8 \times 1 =$
$-3 \times (-8) =$	$7 \times (-1) =$	$-5 \times (-8) =$	$7 \times 9 =$
$1 \times 1 =$	$-4 \times 3 =$	$-9 \times (-8) =$	$2 \times 8 =$
$-4 \times (-5) =$	$-1 \times (-6) =$	$7 \times 8 =$	$-3 \times 1 =$
$9 \times 6 =$	$6 \times (-3) =$	$-5 \times (-4) =$	$9 \times 6 =$
$-2 \times 9 =$	$4 \times 9 =$	$-6 \times 2 =$	$-1 \times (-2) =$
$7 \times (-8) =$	$-9 \times (-9) =$	$6 \times (-4) =$	$-1 \times (-7) =$
$-5 \times (-4) =$	$-3 \times (-5) =$	$-9 \times (-3) =$	$-2 \times (-4) =$
$9 \times 5 =$	$-2 \times 4 =$	$8 \times 6 =$	$-7 \times (-6) =$
$1 \times (-5) =$	$3 \times 1 =$	$-9 \times 3 =$	$3 \times 5 =$

1 × 0 =	8 ×(−5) =	2 × 1 =	−2 × 1 =
−6 ×(−1) =	−7 × 4 =	−3 × 0 =	9 ×(−5) =
−8 × 6 =	5 ×(−6) =	−4 × 0 =	1 ×(−9) =
6 × 9 =	9 × 2 =	−3 ×(−2) =	−6 ×(−9) =
2 ×(−7) =	−3 × 9 =	−3 × 2 =	−8 × 5 =
5 × 8 =	−9 × 2 =	0 ×(−1) =	3 ×(−6) =
−5 × 8 =	−7 × 2 =	−4 × 1 =	7 ×(−1) =
0 × 9 =	2 ×(−1) =	−5 ×(−4) =	3 × 5 =
9 × 4 =	−2 ×(−3) =	−9 ×(−6) =	−3 ×(−9) =
0 ×(−8) =	−8 × 9 =	1 × 0 =	3 × 2 =
−7 × 2 =	−3 × 6 =	−3 × 9 =	−8 × 6 =
9 ×(−8) =	2 ×(−7) =	5 ×(−4) =	−2 × 5 =
−9 × 4 =	−8 ×(−3) =	−9 ×(−7) =	7 ×(−6) =
−7 ×(−9) =	−4 ×(−3) =	2 × 1 =	7 ×(−3) =
−5 ×(−6) =	6 ×(−9) =	−5 ×(−3) =	9 ×(−2) =
3 × 1 =	−9 × 7 =	6 ×(−7) =	−3 × 1 =
−7 ×(−4) =	2 × 3 =	4 × 7 =	−2 ×(−2) =

$5 \times 2 =$ $-6 \times (-8) =$ $-1 \times 1 =$ $2 \times (-2) =$

$0 \times (-5) =$ $-8 \times (-6) =$ $4 \times 7 =$ $-7 \times (-8) =$

$-6 \times (-3) =$ $2 \times 8 =$ $8 \times 2 =$ $7 \times 3 =$

$-2 \times 4 =$ $-1 \times (-2) =$ $8 \times 7 =$ $8 \times (-3) =$

$-8 \times (-5) =$ $-4 \times 0 =$ $-7 \times 1 =$ $0 \times (-2) =$

$4 \times 1 =$ $8 \times (-9) =$ $-1 \times (-1) =$ $-2 \times 5 =$

$3 \times (-8) =$ $9 \times 3 =$ $6 \times (-8) =$ $9 \times (-2) =$

$8 \times 1 =$ $5 \times 4 =$ $-6 \times (-1) =$ $0 \times 8 =$

$-8 \times 5 =$ $9 \times (-4) =$ $4 \times (-7) =$ $0 \times (-9) =$

$-1 \times 9 =$ $7 \times 8 =$ $3 \times 8 =$ $0 \times 0 =$

$1 \times (-4) =$ $6 \times (-7) =$ $2 \times (-5) =$ $-2 \times 6 =$

$4 \times (-5) =$ $-6 \times (-2) =$ $2 \times (-8) =$ $0 \times 1 =$

$4 \times (-5) =$ $6 \times 5 =$ $-6 \times (-8) =$ $1 \times 3 =$

$5 \times 0 =$ $-5 \times (-5) =$ $-1 \times 4 =$ $4 \times (-6) =$

$7 \times 6 =$ $-3 \times (-1) =$ $-7 \times (-5) =$ $4 \times 0 =$

$4 \times (-5) =$ $1 \times 3 =$ $0 \times 8 =$ $-6 \times 4 =$

$2 \times (-9) =$ $0 \times 2 =$ $0 \times 9 =$ $-5 \times 1 =$

$-7 \times (-3) =$ $-9 \times 6 =$ $-2 \times 3 =$ $-6 \times 4 =$

$8 \times (-9) =$ $7 \times (-7) =$ $-9 \times (-2) =$ $-7 \times 7 =$

$8 \times (-2) =$ $3 \times 8 =$ $-6 \times (-3) =$ $9 \times 8 =$

$-7 \times (-9) =$ $4 \times (-9) =$ $-9 \times (-3) =$ $9 \times 8 =$

$-1 \times 7 =$ $4 \times 0 =$ $7 \times (-7) =$ $-6 \times (-2) =$

$3 \times (-9) =$ $4 \times 3 =$ $-6 \times (-5) =$ $-6 \times (-4) =$

$-3 \times (-4) =$ $7 \times (-1) =$ $-6 \times 1 =$ $-7 \times (-6) =$

$3 \times (-9) =$ $4 \times 8 =$ $-9 \times (-7) =$ $-2 \times (-8) =$

$7 \times 8 =$ $-2 \times 7 =$ $5 \times (-9) =$ $3 \times 8 =$

$8 \times 8 =$ $8 \times (-1) =$ $-8 \times (-5) =$ $-2 \times 3 =$

$-1 \times (-1) =$ $3 \times 6 =$ $8 \times 1 =$ $8 \times (-1) =$

$2 \times 4 =$ $2 \times (-1) =$ $-2 \times (-1) =$ $3 \times 8 =$

$-4 \times 6 =$ $-6 \times 3 =$ $-3 \times 6 =$ $5 \times (-1) =$

$1 \times 2 =$ $-1 \times (-9) =$ $1 \times (-7) =$ $-8 \times (-7) =$

$3 \times 5 =$ $9 \times (-6) =$ $-3 \times 6 =$ $-1 \times (-4) =$

$7 \times 3 =$ $2 \times 5 =$ $-1 \times 1 =$ $6 \times 4 =$

$3 \times 3 =$ $-1 \times 8 =$ $5 \times 5 =$ $-9 \times 5 =$

$-2 \times (-1) =$ $4 \times (-4) =$ $7 \times 3 =$ $-8 \times (-2) =$

$-1 \times 4 =$ $-8 \times (-4) =$ $-8 \times (-9) =$ $4 \times 1 =$

$7 \times (-9) =$ $-8 \times 1 =$ $2 \times (-8) =$ $3 \times (-1) =$

$-7 \times 7 =$ $4 \times 9 =$ $1 \times (-5) =$ $8 \times (-9) =$

$1 \times 6 =$ $8 \times 0 =$ $0 \times (-4) =$ $6 \times 7 =$

$-2 \times (-8) =$ $-8 \times 0 =$ $6 \times 8 =$ $5 \times (-7) =$

$4 \times (-5) =$ $3 \times 1 =$ $-5 \times (-7) =$ $5 \times (-9) =$

$-2 \times (-9) =$ $-6 \times 1 =$ $6 \times 8 =$ $5 \times (-5) =$

$-7 \times (-1) =$ $0 \times 5 =$ $-3 \times (-7) =$ $6 \times (-8) =$

$-8 \times 7 =$ $-5 \times (-4) =$ $0 \times 8 =$ $-5 \times (-9) =$

$8 \times 9 =$ $0 \times (-1) =$ $-3 \times 6 =$ $-4 \times (-8) =$

$4 \times (-5) =$ $-7 \times (-9) =$ $7 \times (-4) =$ $-7 \times 5 =$

$4 \times 1 =$ $-5 \times 7 =$ $8 \times (-4) =$ $0 \times 8 =$

$-3 \times (-5) =$ $-3 \times (-2) =$ $1 \times (-7) =$ $8 \times 0 =$

$-1 \times 4 =$ $-5 \times (-9) =$ $4 \times 3 =$ $6 \times (-2) =$

$2 \times 2 =$ $4 \times (-6) =$ $-5 \times 2 =$ $2 \times 1 =$

$4 \times 0 =$ $-2 \times (-7) =$ $4 \times (-9) =$ $1 \times (-3) =$

$-1 \times 9 =$	$-1 \times 3 =$	$2 \times 1 =$	$7 \times 1 =$
$0 \times 8 =$	$-4 \times 7 =$	$7 \times 0 =$	$8 \times 7 =$
$1 \times 9 =$	$-4 \times (-6) =$	$-7 \times 2 =$	$-4 \times (-7) =$
$7 \times (-4) =$	$-1 \times (-6) =$	$3 \times (-6) =$	$-5 \times 0 =$
$-9 \times 6 =$	$1 \times 5 =$	$-1 \times (-6) =$	$6 \times (-1) =$
$1 \times (-3) =$	$9 \times 2 =$	$9 \times 2 =$	$-2 \times 6 =$
$-8 \times (-1) =$	$-3 \times (-3) =$	$-1 \times 9 =$	$-6 \times (-4) =$
$4 \times 1 =$	$9 \times 0 =$	$5 \times (-5) =$	$-1 \times (-1) =$
$9 \times 3 =$	$-8 \times 7 =$	$-5 \times 4 =$	$-5 \times 6 =$
$2 \times 2 =$	$-7 \times (-4) =$	$-7 \times 2 =$	$1 \times (-3) =$
$4 \times (-5) =$	$0 \times (-4) =$	$0 \times 2 =$	$8 \times 2 =$
$-2 \times (-5) =$	$-7 \times 2 =$	$-1 \times 9 =$	$6 \times 0 =$
$8 \times 8 =$	$-7 \times (-2) =$	$5 \times (-3) =$	$-9 \times 3 =$
$-1 \times 5 =$	$3 \times (-3) =$	$4 \times 8 =$	$-1 \times 7 =$
$3 \times (-7) =$	$1 \times 5 =$	$-7 \times (-1) =$	$3 \times (-7) =$
$0 \times 0 =$	$-9 \times (-9) =$	$2 \times 9 =$	$9 \times (-7) =$
$-5 \times (-4) =$	$0 \times 8 =$	$-7 \times 2 =$	$-1 \times 6 =$

$6 \times 1 =$

$1 \times (-8) =$

$-8 \times 4 =$

$-2 \times 9 =$

$-6 \times 4 =$

$-9 \times 5 =$

$-7 \times (-2) =$

$-1 \times (-7) =$

$8 \times (-2) =$

$6 \times 1 =$

$-7 \times (-4) =$

$-8 \times 2 =$

$-9 \times (-6) =$

$9 \times (-8) =$

$-7 \times 8 =$

$-4 \times (-9) =$

$4 \times 8 =$

$9 \times (-5) =$

$-5 \times (-1) =$

$4 \times 9 =$

$9 \times 8 =$

$-6 \times 2 =$

$-2 \times 3 =$

$-4 \times 7 =$

$-3 \times (-1) =$

$-4 \times 3 =$

$-2 \times (-7) =$

$2 \times (-7) =$

$-8 \times 3 =$

$1 \times 0 =$

$-4 \times 0 =$

$-8 \times (-8) =$

$1 \times 7 =$

$7 \times 2 =$

$8 \times 8 =$

$0 \times 4 =$

$-9 \times (-9) =$

$4 \times (-9) =$

$8 \times 0 =$

$-6 \times (-2) =$

$9 \times 6 =$

$0 \times (-6) =$

$-7 \times 2 =$

$7 \times 4 =$

$3 \times (-7) =$

$-4 \times 5 =$

$9 \times 4 =$

$-7 \times 4 =$

$-3 \times 0 =$

$-6 \times 9 =$

$1 \times 7 =$

$9 \times 3 =$

$-6 \times (-8) =$

$3 \times 8 =$

$-5 \times (-3) =$

$-4 \times 5 =$

$6 \times (-3) =$

$0 \times (-6) =$

$1 \times (-2) =$

$-6 \times (-7) =$

$6 \times (-9) =$

$-2 \times 4 =$

$-6 \times 6 =$

$-9 \times (-4) =$

$-9 \times (-5) =$

$-7 \times (-5) =$

$6 \times (-2) =$

$-7 \times 2 =$

73

-9 × 5 =   9 × (−7) =   −3 × 1 =   −9 × 6 =

0 × 9 =   −4 × 2 =   −8 × 7 =   2 × 9 =

-9 × 4 =   −4 × 8 =   −9 × 9 =   4 × (−5) =

2 × 8 =   −4 × (−2) =   2 × (−2) =   −8 × (−2) =

-8 × (−2) =   8 × 9 =   5 × 6 =   5 × (−7) =

6 × 0 =   −1 × 9 =   −1 × 1 =   3 × 0 =

8 × (−4) =   8 × (−8) =   1 × 4 =   −9 × (−4) =

2 × 1 =   4 × 9 =   7 × 1 =   −7 × (−5) =

1 × 1 =   0 × (−4) =   −8 × 3 =   1 × 5 =

-4 × 7 =   −2 × 2 =   7 × (−2) =   −2 × (−5) =

4 × (−7) =   −9 × (−6) =   −5 × (−2) =   −2 × 0 =

4 × (−7) =   3 × (−8) =   −5 × 7 =   5 × 2 =

8 × 0 =   −5 × (−7) =   1 × (−6) =   −6 × (−2) =

-7 × (−9) =   −9 × 0 =   −9 × (−7) =   5 × 3 =

0 × (−1) =   −9 × 8 =   −2 × 5 =   1 × 1 =

7 × 1 =   9 × 8 =   1 × (−2) =   7 × 2 =

-2 × 9 =   −8 × (−1) =   9 × (−4) =   −3 × 4 =

$4 \times 6 =$	$4 \times (-1) =$	$1 \times (-9) =$	$-4 \times (-5) =$
$-2 \times 4 =$	$-3 \times (-4) =$	$9 \times 3 =$	$5 \times (-3) =$
$-3 \times 5 =$	$6 \times 8 =$	$8 \times (-6) =$	$-3 \times 2 =$
$7 \times (-2) =$	$-6 \times (-8) =$	$0 \times 1 =$	$1 \times (-9) =$
$-8 \times (-7) =$	$-4 \times (-1) =$	$-2 \times (-5) =$	$3 \times (-8) =$
$0 \times 6 =$	$8 \times 8 =$	$-7 \times (-5) =$	$9 \times 3 =$
$3 \times 9 =$	$0 \times (-4) =$	$-2 \times (-3) =$	$0 \times (-4) =$
$8 \times (-7) =$	$2 \times (-3) =$	$0 \times (-9) =$	$7 \times (-8) =$
$-1 \times 2 =$	$4 \times 2 =$	$1 \times 4 =$	$-3 \times 5 =$
$2 \times (-8) =$	$2 \times 2 =$	$-9 \times (-6) =$	$1 \times 2 =$
$-3 \times 6 =$	$-3 \times 0 =$	$5 \times (-8) =$	$9 \times 5 =$
$-6 \times (-9) =$	$5 \times (-7) =$	$8 \times (-1) =$	$2 \times 9 =$
$5 \times (-2) =$	$8 \times (-4) =$	$5 \times 6 =$	$-4 \times 9 =$
$7 \times (-6) =$	$-1 \times (-7) =$	$7 \times 9 =$	$2 \times (-3) =$
$6 \times 5 =$	$4 \times (-4) =$	$-5 \times 5 =$	$4 \times 1 =$
$9 \times (-1) =$	$8 \times (-5) =$	$7 \times 6 =$	$-8 \times 9 =$
$6 \times 4 =$	$5 \times (-3) =$	$6 \times 4 =$	$1 \times 8 =$

$4 \times (-5) =$ $6 \times (-5) =$ $-6 \times 0 =$ $-2 \times 0 =$

$8 \times (-3) =$ $-3 \times 1 =$ $-1 \times 6 =$ $7 \times (-3) =$

$-6 \times 0 =$ $9 \times 8 =$ $3 \times (-7) =$ $-4 \times (-9) =$

$2 \times (-4) =$ $2 \times (-3) =$ $0 \times 7 =$ $-3 \times 9 =$

$1 \times (-4) =$ $-5 \times 9 =$ $-6 \times 8 =$ $7 \times 0 =$

$-9 \times 1 =$ $2 \times 4 =$ $-6 \times (-8) =$ $2 \times (-9) =$

$3 \times (-7) =$ $2 \times (-1) =$ $1 \times (-9) =$ $1 \times 9 =$

$6 \times 2 =$ $7 \times 9 =$ $0 \times 9 =$ $-5 \times (-9) =$

$5 \times (-9) =$ $-8 \times (-5) =$ $9 \times 0 =$ $9 \times 0 =$

$-4 \times 4 =$ $-5 \times (-1) =$ $9 \times 3 =$ $-8 \times (-7) =$

$3 \times (-3) =$ $-8 \times 9 =$ $-1 \times (-7) =$ $-9 \times (-9) =$

$8 \times 2 =$ $8 \times 2 =$ $9 \times 6 =$ $2 \times (-9) =$

$9 \times (-4) =$ $-3 \times 2 =$ $7 \times 1 =$ $4 \times 3 =$

$9 \times 6 =$ $4 \times 8 =$ $7 \times 6 =$ $8 \times 3 =$

$9 \times 8 =$ $-9 \times (-4) =$ $7 \times (-3) =$ $-3 \times (-2) =$

$-4 \times 8 =$ $1 \times 8 =$ $-8 \times (-2) =$ $4 \times 5 =$

$0 \times (-6) =$ $-7 \times 3 =$ $8 \times 5 =$ $8 \times (-6) =$

$7 \times 0 =$	$1 \times 4 =$	$5 \times 1 =$	$-3 \times (-7) =$
$-6 \times 3 =$	$8 \times (-4) =$	$8 \times 7 =$	$-7 \times (-6) =$
$4 \times 0 =$	$7 \times 5 =$	$-6 \times 8 =$	$0 \times (-7) =$
$-3 \times (-9) =$	$-4 \times (-8) =$	$-3 \times (-3) =$	$-3 \times 8 =$
$7 \times (-2) =$	$2 \times (-9) =$	$-5 \times (-9) =$	$1 \times (-2) =$
$-7 \times 2 =$	$4 \times (-9) =$	$5 \times (-4) =$	$3 \times 4 =$
$0 \times 4 =$	$5 \times 4 =$	$-6 \times (-6) =$	$2 \times (-9) =$
$2 \times 5 =$	$0 \times 5 =$	$-5 \times (-7) =$	$1 \times 0 =$
$5 \times (-6) =$	$-1 \times (-5) =$	$-8 \times (-2) =$	$-2 \times (-7) =$
$0 \times (-3) =$	$-8 \times 7 =$	$0 \times (-5) =$	$-2 \times 4 =$
$3 \times (-1) =$	$3 \times 6 =$	$-7 \times 2 =$	$-1 \times (-5) =$
$-6 \times (-8) =$	$4 \times 9 =$	$8 \times 0 =$	$8 \times 8 =$
$-3 \times (-6) =$	$0 \times 8 =$	$3 \times (-7) =$	$3 \times (-4) =$
$-4 \times (-1) =$	$1 \times 3 =$	$-4 \times (-2) =$	$-4 \times 0 =$
$2 \times 2 =$	$-3 \times 7 =$	$0 \times (-4) =$	$7 \times 9 =$
$7 \times (-8) =$	$-2 \times (-7) =$	$3 \times 5 =$	$-6 \times 0 =$
$-1 \times 9 =$	$4 \times (-5) =$	$-1 \times 6 =$	$-4 \times (-4) =$

$2 \times (-2) =$	$-5 \times (-7) =$	$2 \times 7 =$	$-9 \times (-5) =$
$0 \times (-9) =$	$-9 \times 3 =$	$5 \times 6 =$	$0 \times 4 =$
$6 \times (-6) =$	$-8 \times 4 =$	$9 \times 5 =$	$0 \times (-1) =$
$6 \times 2 =$	$-5 \times (-8) =$	$3 \times (-7) =$	$6 \times (-5) =$
$-3 \times 7 =$	$-3 \times 3 =$	$5 \times (-3) =$	$-6 \times 7 =$
$0 \times 5 =$	$9 \times 5 =$	$-9 \times 3 =$	$-1 \times 9 =$
$-4 \times 4 =$	$5 \times 6 =$	$-7 \times (-9) =$	$-6 \times 8 =$
$9 \times (-5) =$	$-1 \times (-1) =$	$8 \times (-3) =$	$7 \times 0 =$
$8 \times (-7) =$	$9 \times 0 =$	$-9 \times 2 =$	$-5 \times 4 =$
$-1 \times (-6) =$	$-4 \times (-1) =$	$-2 \times (-3) =$	$4 \times (-9) =$
$-7 \times (-4) =$	$6 \times 5 =$	$2 \times 8 =$	$8 \times 2 =$
$6 \times (-8) =$	$5 \times 9 =$	$-6 \times (-5) =$	$8 \times 4 =$
$2 \times (-7) =$	$1 \times 7 =$	$6 \times (-3) =$	$6 \times (-8) =$
$-1 \times (-3) =$	$-2 \times (-2) =$	$2 \times 5 =$	$1 \times (-7) =$
$-9 \times (-6) =$	$-7 \times (-5) =$	$7 \times 2 =$	$0 \times 6 =$
$0 \times (-8) =$	$-5 \times (-5) =$	$8 \times (-9) =$	$-9 \times 5 =$
$4 \times 7 =$	$-5 \times (-3) =$	$-2 \times (-3) =$	$4 \times 1 =$

$3 \times (-7) =$	$4 \times 7 =$	$5 \times (-1) =$	$-6 \times (-7) =$
$-3 \times 4 =$	$5 \times (-7) =$	$-6 \times (-6) =$	$-5 \times 2 =$
$0 \times 5 =$	$6 \times 9 =$	$-1 \times (-5) =$	$-1 \times 1 =$
$-8 \times (-3) =$	$-4 \times 7 =$	$3 \times (-8) =$	$-6 \times (-2) =$
$-6 \times (-4) =$	$1 \times 2 =$	$1 \times 8 =$	$-1 \times (-9) =$
$4 \times 1 =$	$-5 \times 9 =$	$-3 \times 2 =$	$-3 \times (-3) =$
$3 \times 8 =$	$-1 \times 8 =$	$2 \times (-1) =$	$1 \times (-5) =$
$1 \times (-7) =$	$-4 \times 3 =$	$1 \times 7 =$	$2 \times 1 =$
$-3 \times (-3) =$	$5 \times (-6) =$	$4 \times 1 =$	$2 \times 4 =$
$-1 \times 3 =$	$-7 \times (-8) =$	$-3 \times (-7) =$	$-1 \times (-6) =$
$-2 \times 1 =$	$-4 \times (-9) =$	$-1 \times (-9) =$	$3 \times (-2) =$
$7 \times (-8) =$	$4 \times (-8) =$	$-3 \times (-4) =$	$2 \times 6 =$
$-7 \times (-2) =$	$6 \times 9 =$	$-3 \times (-2) =$	$1 \times 2 =$
$-4 \times (-6) =$	$-1 \times (-8) =$	$-3 \times (-4) =$	$-7 \times (-3) =$
$1 \times (-7) =$	$1 \times (-9) =$	$-8 \times 2 =$	$0 \times 8 =$
$2 \times (-2) =$	$8 \times (-5) =$	$-8 \times 7 =$	$-1 \times (-6) =$
$-1 \times (-2) =$	$8 \times (-6) =$	$-7 \times 7 =$	$-7 \times 0 =$

$8 \times 9 =$	$9 \times 7 =$	$0 \times 8 =$	$-5 \times 0 =$
$-8 \times (-7) =$	$4 \times 9 =$	$3 \times 5 =$	$4 \times (-5) =$
$3 \times (-9) =$	$-4 \times (-2) =$	$-2 \times (-7) =$	$4 \times (-9) =$
$0 \times 0 =$	$1 \times 1 =$	$-1 \times (-4) =$	$-3 \times (-7) =$
$-6 \times (-9) =$	$-1 \times 0 =$	$2 \times (-6) =$	$-2 \times (-9) =$
$5 \times (-9) =$	$-3 \times 3 =$	$8 \times 1 =$	$1 \times (-2) =$
$5 \times 2 =$	$5 \times (-5) =$	$-4 \times 9 =$	$-4 \times (-3) =$
$-4 \times (-2) =$	$5 \times 0 =$	$1 \times (-6) =$	$1 \times 4 =$
$-6 \times (-8) =$	$0 \times (-7) =$	$-4 \times (-1) =$	$-5 \times 0 =$
$9 \times (-1) =$	$-7 \times 2 =$	$-8 \times 9 =$	$9 \times 9 =$
$0 \times (-3) =$	$-3 \times (-7) =$	$-2 \times 2 =$	$6 \times 3 =$
$5 \times 5 =$	$-9 \times 2 =$	$-3 \times 2 =$	$-8 \times (-1) =$
$-9 \times 8 =$	$1 \times 7 =$	$8 \times 2 =$	$3 \times 4 =$
$0 \times 3 =$	$5 \times (-9) =$	$-2 \times (-5) =$	$-3 \times 4 =$
$-3 \times 6 =$	$9 \times 9 =$	$7 \times (-6) =$	$6 \times 1 =$
$4 \times (-3) =$	$6 \times (-3) =$	$7 \times 0 =$	$-6 \times 9 =$
$0 \times 7 =$	$-9 \times 3 =$	$1 \times 5 =$	$7 \times 9 =$

$-2 \times 4 =$ $-3 \times 3 =$ $-8 \times (-1) =$ $9 \times 9 =$

$-1 \times 4 =$ $-9 \times (-5) =$ $5 \times (-7) =$ $-2 \times (-1) =$

$5 \times (-9) =$ $6 \times (-9) =$ $4 \times (-1) =$ $7 \times 5 =$

$-3 \times (-2) =$ $6 \times 9 =$ $-2 \times (-3) =$ $0 \times (-9) =$

$-5 \times 9 =$ $2 \times (-9) =$ $-4 \times (-6) =$ $-7 \times (-7) =$

$-1 \times (-1) =$ $-8 \times (-3) =$ $9 \times 9 =$ $4 \times (-5) =$

$1 \times (-6) =$ $-2 \times 8 =$ $-1 \times 8 =$ $8 \times 9 =$

$-9 \times (-6) =$ $5 \times (-9) =$ $-3 \times 8 =$ $-1 \times (-2) =$

$5 \times 6 =$ $-7 \times 5 =$ $9 \times 8 =$ $8 \times (-6) =$

$8 \times 0 =$ $4 \times (-4) =$ $-8 \times (-5) =$ $4 \times (-9) =$

$-7 \times (-1) =$ $6 \times (-9) =$ $-3 \times (-2) =$ $2 \times 0 =$

$-5 \times (-2) =$ $-1 \times (-2) =$ $1 \times 2 =$ $-1 \times 8 =$

$-3 \times (-5) =$ $3 \times 3 =$ $-8 \times 4 =$ $8 \times (-7) =$

$0 \times (-3) =$ $6 \times (-2) =$ $-3 \times 1 =$ $0 \times 7 =$

$-1 \times 0 =$ $4 \times (-5) =$ $9 \times (-5) =$ $1 \times (-3) =$

$-4 \times (-2) =$ $4 \times (-6) =$ $9 \times (-1) =$ $6 \times (-9) =$

$-7 \times 4 =$ $7 \times (-4) =$ $-8 \times 4 =$ $-9 \times (-5) =$

$4 \times (-3) =$	$1 \times 5 =$	$1 \times (-2) =$	$1 \times 4 =$
$4 \times 8 =$	$6 \times 0 =$	$8 \times (-7) =$	$8 \times 0 =$
$9 \times 6 =$	$-3 \times 5 =$	$2 \times 6 =$	$-1 \times (-1) =$
$4 \times (-9) =$	$3 \times (-2) =$	$2 \times (-4) =$	$-2 \times (-6) =$
$-5 \times (-1) =$	$9 \times 3 =$	$8 \times 2 =$	$-8 \times 1 =$
$9 \times (-2) =$	$-4 \times (-9) =$	$-7 \times (-3) =$	$-7 \times 6 =$
$0 \times 4 =$	$8 \times (-8) =$	$8 \times 8 =$	$3 \times (-6) =$
$-7 \times (-3) =$	$7 \times 9 =$	$1 \times 0 =$	$-6 \times (-5) =$
$-7 \times 4 =$	$-7 \times 5 =$	$-9 \times (-9) =$	$1 \times 4 =$
$9 \times 8 =$	$0 \times 5 =$	$6 \times 6 =$	$-8 \times 5 =$
$5 \times (-7) =$	$-2 \times (-2) =$	$5 \times 3 =$	$6 \times (-5) =$
$-9 \times 6 =$	$-2 \times (-4) =$	$4 \times 2 =$	$-6 \times (-4) =$
$2 \times 6 =$	$9 \times 2 =$	$6 \times 3 =$	$-4 \times (-7) =$
$3 \times 8 =$	$4 \times (-7) =$	$7 \times (-9) =$	$0 \times (-1) =$
$-1 \times (-4) =$	$9 \times (-1) =$	$7 \times (-6) =$	$4 \times (-8) =$
$5 \times 9 =$	$-4 \times (-4) =$	$6 \times (-9) =$	$-1 \times (-6) =$
$-9 \times (-8) =$	$-3 \times (-8) =$	$0 \times 4 =$	$-4 \times 9 =$

$3 \times (-5) =$ $8 \times (-9) =$ $-9 \times 4 =$ $2 \times 4 =$

$9 \times 2 =$ $-8 \times (-8) =$ $-7 \times (-3) =$ $-5 \times 5 =$

$6 \times 2 =$ $-1 \times 6 =$ $-9 \times (-3) =$ $-6 \times 6 =$

$2 \times 1 =$ $-4 \times (-7) =$ $9 \times 2 =$ $6 \times 3 =$

$-1 \times (-2) =$ $-7 \times (-1) =$ $-1 \times 1 =$ $-7 \times 4 =$

$1 \times (-6) =$ $1 \times 0 =$ $2 \times 9 =$ $-9 \times (-5) =$

$-1 \times 4 =$ $-4 \times 8 =$ $9 \times (-7) =$ $-3 \times 9 =$

$7 \times 5 =$ $0 \times 7 =$ $-4 \times (-8) =$ $6 \times 5 =$

$-7 \times (-5) =$ $8 \times (-3) =$ $-7 \times 8 =$ $1 \times 4 =$

$8 \times 0 =$ $8 \times (-5) =$ $-7 \times 0 =$ $1 \times 1 =$

$-4 \times 9 =$ $-3 \times (-5) =$ $-1 \times (-9) =$ $-2 \times 5 =$

$-4 \times (-5) =$ $3 \times (-8) =$ $0 \times (-6) =$ $-8 \times (-2) =$

$7 \times 5 =$ $8 \times (-2) =$ $-8 \times 6 =$ $7 \times 6 =$

$-3 \times 9 =$ $-5 \times (-8) =$ $-4 \times 9 =$ $1 \times (-7) =$

$2 \times (-3) =$ $-1 \times 2 =$ $7 \times 3 =$ $-1 \times (-1) =$

$-5 \times (-2) =$ $-7 \times (-6) =$ $4 \times (-6) =$ $7 \times 3 =$

$9 \times (-4) =$ $-5 \times (-9) =$ $-1 \times 0 =$ $1 \times (-9) =$

Part 4: Practice Division with Negative Numbers

When dividing two numbers where one is positive and the other is negative, just divide both numbers and add a minus sign to the result. Here are some examples: $21 / (-3) = -7$ and $-15 / 5 = -3$.

However, if both numbers are negative, the result of the division is positive. For example, $-16 / (-4) = 4$ and $-54 / (-6) = 9$. Essentially, the two minus signs cancel, making a positive sign.

EXAMPLES

$81/(-9) = ?$ $-10/(-2) = ?$

$81/(-9) = -9$ $-10/(-2) = 5$

$-49/7 = ?$ $-12/3 = ?$

$-49/7 = -7$ $-12/3 = -4$

$0/(-3) = ?$ $-4/(-4) = ?$

$0/(-3) = 0$ $-4/(-4) = 1$

$-8 \ / \ (-1) =$ $10 \ / \ (-5) =$ $45 \ / \ \ 5 \ =$ $-5 \ / \ (-5) =$

$-18 \ / \ (-6) =$ $16 \ / \ \ 4 \ =$ $-4 \ / \ (-1) =$ $-6 \ / \ \ 2 \ =$

$63 \ / \ \ 9 \ =$ $16 \ / \ \ 4 \ =$ $-2 \ / \ (-1) =$ $-9 \ / \ (-3) =$

$-36 \ / \ (-6) =$ $-10 \ / \ \ 2 \ =$ $6 \ / \ \ 6 \ =$ $-64 \ / \ \ 8 \ =$

$28 \ / \ \ 4 \ =$ $32 \ / \ (-8) =$ $-12 \ / \ (-4) =$ $9 \ / \ (-3) =$

$12 \ / \ \ 2 \ =$ $-4 \ / \ \ 2 \ =$ $-16 \ / \ \ 2 \ =$ $12 \ / \ (-6) =$

$-27 \ / \ (-3) =$ $-6 \ / \ \ 3 \ =$ $-81 \ / \ (-9) =$ $0 \ / \ \ 2 \ =$

$48 \ / \ \ 8 \ =$ $35 \ / \ (-5) =$ $8 \ / \ \ 4 \ =$ $0 \ / \ \ 2 \ =$

$-54 \ / \ (-9) =$ $7 \ / \ \ 1 \ =$ $4 \ / \ \ 4 \ =$ $14 \ / \ (-2) =$

$-54 \ / \ \ 6 \ =$ $20 \ / \ \ 5 \ =$ $30 \ / \ (-6) =$ $-9 \ / \ (-3) =$

$-16 \ / \ (-4) =$ $30 \ / \ (-6) =$ $-16 \ / \ (-4) =$ $28 \ / \ (-7) =$

$10 \ / \ \ 5 \ =$ $36 \ / \ (-9) =$ $-10 \ / \ (-2) =$ $-81 \ / \ (-9) =$

$10 \ / \ \ 5 \ =$ $6 \ / \ \ 1 \ =$ $20 \ / \ (-4) =$ $4 \ / \ (-2) =$

$-36 \ / \ (-9) =$ $0 \ / \ \ 8 \ =$ $-32 \ / \ \ 8 \ =$ $-4 \ / \ \ 1 \ =$

$0 \ / \ (-8) =$ $-63 \ / \ (-7) =$ $7 \ / \ \ 1 \ =$ $63 \ / \ (-9) =$

$24 \ / \ (-3) =$ $9 \ / \ \ 1 \ =$ $-20 \ / \ \ 5 \ =$ $4 \ / \ \ 1 \ =$

$-18 \ / \ (-9) =$ $-8 \ / \ \ 1 \ =$ $42 \ / \ \ 6 \ =$ $-24 \ / \ (-4) =$

-81 / 9 =   -9 / (-3) =   24 / 4 =   -5 / 5 =

63 / (-9) =   -16 / (-8) =   -9 / (-3) =   48 / (-8) =

9 / (-1) =   9 / 9 =   27 / 9 =   18 / (-3) =

14 / 7 =   0 / (-4) =   -56 / (-7) =   18 / (-6) =

-28 / 4 =   -4 / 1 =   -9 / (-3) =   0 / 7 =

-8 / 2 =   -24 / 4 =   27 / 9 =   -36 / 6 =

-16 / (-4) =   27 / (-3) =   -36 / (-6) =   9 / (-9) =

24 / (-3) =   5 / (-1) =   -8 / (-4) =   12 / (-3) =

-48 / (-6) =   -36 / 6 =   18 / (-2) =   -56 / (-8) =

-81 / (-9) =   40 / (-8) =   -64 / 8 =   72 / 8 =

-63 / (-9) =   5 / 5 =   -1 / 1 =   -9 / (-3) =

-9 / (-3) =   -16 / (-2) =   -9 / (-9) =   -36 / (-9) =

-18 / 2 =   -8 / (-8) =   40 / 5 =   5 / (-1) =

0 / 4 =   9 / 3 =   0 / (-1) =   3 / (-3) =

28 / (-7) =   -45 / 5 =   24 / 8 =   -2 / 2 =

-5 / 1 =   45 / 9 =   10 / (-2) =   14 / (-7) =

-12 / 6 =   0 / (-2) =   16 / 2 =   32 / (-4) =

42 / (-6) =   -14 / (-7) =   9 / 1 =   -5 / 1 =

0 / 6 =   27 / (-3) =   -9 / (-3) =   -63 / 9 =

6 / (-3) =   -10 / 5 =   -9 / (-3) =   12 / (-2) =

-16 / 4 =   16 / 2 =   -7 / 1 =   54 / 6 =

12 / 2 =   3 / (-3) =   -36 / (-6) =   -36 / 4 =

-4 / 2 =   -24 / (-8) =   56 / 7 =   14 / (-2) =

-45 / (-9) =   -18 / 2 =   24 / (-4) =   -25 / 5 =

-9 / (-3) =   -12 / 4 =   -56 / 8 =   -8 / 2 =

-32 / (-4) =   0 / 4 =   -3 / 3 =   -63 / (-7) =

-56 / (-8) =   -9 / (-3) =   -12 / (-2) =   -54 / 6 =

-9 / 1 =   21 / (-7) =   -49 / 7 =   6 / 1 =

-40 / (-8) =   35 / 7 =   -56 / (-7) =   16 / 2 =

14 / (-2) =   -9 / 9 =   49 / (-7) =   -6 / 6 =

56 / (-7) =   -9 / (-3) =   -24 / 6 =   12 / 6 =

-9 / (-3) =   -8 / (-2) =   36 / (-6) =   -42 / (-7) =

-64 / (-8) =   -20 / (-4) =   35 / (-5) =   -3 / (-3) =

-25 / 5 =   -5 / 1 =   -5 / (-5) =   -36 / 6 =

4 / (−1) =	24 / (−4) =	1 / 1 =	6 / (−1) =
−42 / (−6) =	7 / (−7) =	−56 / (−8) =	3 / (−3) =
−36 / (−6) =	−9 / (−3) =	24 / 8 =	−30 / (−5) =
18 / (−3) =	−36 / 6 =	−9 / (−3) =	−72 / (−8) =
−4 / 2 =	−28 / 4 =	−24 / (−8) =	0 / 8 =
6 / (−6) =	7 / 1 =	0 / 7 =	27 / 3 =
10 / 5 =	10 / (−2) =	−81 / 9 =	−14 / (−7) =
0 / 3 =	24 / 6 =	−45 / (−5) =	28 / (−4) =
−16 / (−4) =	−54 / (−6) =	−21 / (−7) =	−16 / (−8) =
16 / (−4) =	−27 / (−3) =	64 / 8 =	24 / (−3) =
−63 / 7 =	81 / (−9) =	21 / 3 =	20 / (−5) =
8 / (−4) =	−6 / (−2) =	−18 / (−9) =	20 / (−5) =
−9 / (−3) =	5 / 1 =	−40 / (−5) =	0 / (−3) =
−56 / (−7) =	−48 / (−8) =	4 / (−2) =	0 / (−2) =
14 / (−7) =	−9 / (−3) =	−8 / 1 =	0 / (−2) =
81 / 9 =	−9 / 9 =	30 / (−5) =	−18 / (−3) =
−42 / (−6) =	−18 / 6 =	−8 / (−2) =	−2 / 1 =

-16 / (-8) =   16 / 2 =   35 / 5 =   -16 / (-8) =

-16 / (-4) =   9 / 3 =   -12 / (-2) =   -10 / (-2) =

-56 / (-7) =   -25 / (-5) =   -14 / (-2) =   9 / 1 =

 24 / 6 =   10 / 5 =   -36 / (-6) =   4 / 1 =

 56 / (-7) =   -7 / 1 =   14 / 2 =   -54 / (-6) =

  0 / (-7) =   24 / (-3) =   0 / (-5) =   -12 / (-2) =

-16 / 8 =   -8 / 1 =   -30 / 6 =   -6 / 2 =

 54 / 9 =   0 / (-1) =   -48 / 6 =   -9 / (-3) =

-18 / 6 =   72 / 9 =   -30 / (-5) =   -25 / (-5) =

 45 / 9 =   3 / 1 =   -12 / 6 =   28 / 4 =

  2 / (-1) =   24 / (-6) =   18 / (-2) =   -3 / (-1) =

-24 / 3 =   -4 / (-2) =   4 / 4 =   54 / (-6) =

-35 / 7 =   63 / (-7) =   -28 / (-7) =   -9 / 1 =

 -4 / (-4) =   -12 / 2 =   -7 / (-7) =   48 / 6 =

 48 / (-8) =   -40 / (-8) =   -25 / (-5) =   -4 / 2 =

  6 / (-2) =   -12 / 3 =   -36 / (-6) =   -4 / (-2) =

-15 / (-3) =   49 / (-7) =   -20 / 4 =   -2 / 1 =

48 / 8 =	63 / (−9) =	56 / 8 =	−27 / 9 =
−27 / 9 =	−8 / (−1) =	−9 / (−3) =	20 / 5 =
35 / (−5) =	18 / 3 =	4 / (−2) =	−56 / 7 =
6 / 2 =	−24 / 6 =	0 / (−5) =	5 / (−5) =
−10 / 2 =	−6 / (−6) =	15 / 5 =	18 / 2 =
18 / (−2) =	8 / (−2) =	32 / 4 =	15 / (−5) =
49 / (−7) =	14 / 7 =	3 / (−1) =	−35 / 5 =
12 / (−6) =	2 / 1 =	−16 / (−2) =	18 / (−3) =
−4 / 4 =	−32 / 8 =	−8 / 2 =	−63 / 9 =
0 / (−9) =	24 / 6 =	−9 / (−3) =	32 / (−4) =
12 / 4 =	−2 / 1 =	−24 / (−8) =	−9 / (−3) =
−9 / (−3) =	−36 / 4 =	0 / (−6) =	35 / (−5) =
−54 / (−6) =	−20 / (−5) =	8 / 8 =	3 / (−1) =
0 / 1 =	−30 / 6 =	18 / (−3) =	−9 / 3 =
8 / (−2) =	64 / 8 =	14 / (−7) =	0 / (−5) =
36 / 9 =	−49 / 7 =	35 / 7 =	81 / 9 =
36 / 4 =	−6 / 1 =	−4 / (−4) =	3 / (−3) =

$-64 / 8 =$ $24 / 4 =$ $-14 / (-7) =$ $-8 / (-4) =$

$-5 / (-5) =$ $-1 / (-1) =$ $56 / 8 =$ $-42 / (-6) =$

$-56 / (-7) =$ $0 / (-3) =$ $56 / (-8) =$ $49 / 7 =$

$-27 / 3 =$ $9 / 1 =$ $-36 / (-4) =$ $-63 / 7 =$

$21 / (-3) =$ $36 / 9 =$ $54 / (-6) =$ $24 / 8 =$

$-4 / (-4) =$ $-16 / 2 =$ $48 / 8 =$ $0 / 6 =$

$-14 / (-2) =$ $21 / (-7) =$ $40 / 5 =$ $-24 / (-3) =$

$-8 / 8 =$ $-4 / 1 =$ $-1 / (-1) =$ $-18 / 2 =$

$-27 / (-3) =$ $25 / (-5) =$ $12 / 4 =$ $-45 / 9 =$

$-72 / (-9) =$ $4 / (-2) =$ $42 / (-6) =$ $-6 / (-2) =$

$21 / (-7) =$ $-1 / (-1) =$ $-40 / 8 =$ $35 / (-7) =$

$-36 / (-9) =$ $6 / (-3) =$ $-56 / (-8) =$ $40 / (-8) =$

$0 / (-6) =$ $-9 / (-3) =$ $8 / 4 =$ $-24 / (-4) =$

$-35 / (-7) =$ $8 / 4 =$ $14 / 2 =$ $2 / (-1) =$

$18 / 3 =$ $-6 / 2 =$ $3 / (-1) =$ $16 / 2 =$

$0 / (-5) =$ $18 / 2 =$ $1 / (-1) =$ $18 / 9 =$

$-16 / 2 =$ $-24 / 6 =$ $0 / 4 =$ $-3 / 3 =$

5 / (−5) =   −35 / (−5) =   −1 / (−1) =   −35 / 5 =

16 / 4 =   0 / 3 =   −10 / (−2) =   −8 / (−2) =

18 / 9 =   0 / (−4) =   −3 / (−3) =   3 / 3 =

−56 / (−7) =   −25 / 5 =   0 / (−1) =   −24 / 4 =

4 / 4 =   64 / (−8) =   −9 / (−3) =   −42 / (−6) =

3 / (−3) =   0 / 7 =   42 / (−7) =   −15 / 3 =

36 / (−4) =   −14 / 2 =   24 / (−8) =   −9 / 9 =

0 / 3 =   −4 / 2 =   24 / (−6) =   45 / (−5) =

40 / (−5) =   32 / (−8) =   −14 / 7 =   −45 / 5 =

8 / 4 =   10 / (−2) =   16 / 4 =   −6 / 2 =

72 / (−9) =   32 / (−4) =   15 / (−3) =   −4 / 1 =

−54 / 6 =   −40 / (−5) =   49 / 7 =   −3 / (−1) =

−6 / 3 =   30 / (−5) =   −25 / 5 =   −54 / 6 =

−9 / (−3) =   −9 / (−9) =   −56 / 8 =   −24 / (−4) =

6 / 3 =   −56 / 8 =   −1 / 1 =   36 / 6 =

40 / (−5) =   4 / 2 =   0 / 4 =   54 / 9 =

30 / (−5) =   −42 / (−7) =   −4 / (−4) =   −15 / 3 =

-9 / (-3) =	-36 / (-4) =	56 / 8 =	-9 / (-3) =
9 / 1 =	48 / (-8) =	-36 / (-6) =	24 / 4 =
-6 / 1 =	-24 / (-3) =	16 / (-4) =	-7 / (-7) =
28 / (-4) =	-9 / (-3) =	-9 / (-3) =	54 / 9 =
4 / (-4) =	32 / (-4) =	-2 / 1 =	12 / (-3) =
-9 / (-3) =	42 / (-7) =	24 / (-3) =	-14 / (-2) =
-27 / (-9) =	-28 / (-4) =	-32 / 4 =	72 / (-9) =
10 / (-2) =	2 / 1 =	-56 / 8 =	-45 / (-9) =
4 / 4 =	-12 / (-3) =	-10 / (-5) =	45 / (-9) =
28 / 4 =	-14 / (-7) =	0 / (-2) =	-9 / 3 =
-18 / 6 =	16 / (-8) =	27 / 9 =	42 / (-6) =
-5 / (-1) =	-16 / 4 =	18 / 6 =	-9 / (-3) =
25 / 5 =	18 / (-6) =	-4 / 4 =	-9 / 3 =
56 / 8 =	-7 / 7 =	-7 / (-1) =	-18 / (-2) =
-4 / 2 =	45 / 9 =	28 / 4 =	-9 / (-3) =
-18 / (-6) =	-40 / 5 =	-25 / (-5) =	7 / (-1) =
0 / (-3) =	25 / 5 =	27 / (-9) =	45 / 5 =

$9 / (-3) =$	$7 / (-1) =$	$20 / 4 =$	$72 / (-9) =$
$5 / 1 =$	$-18 / (-6) =$	$-45 / 9 =$	$5 / (-5) =$
$24 / 6 =$	$-9 / (-9) =$	$-12 / (-2) =$	$-9 / (-3) =$
$1 / 1 =$	$-56 / (-8) =$	$21 / (-3) =$	$8 / (-4) =$
$-14 / 2 =$	$-32 / 4 =$	$-56 / (-7) =$	$2 / (-2) =$
$-54 / 9 =$	$27 / (-9) =$	$4 / 4 =$	$16 / (-2) =$
$10 / 5 =$	$16 / 8 =$	$30 / 6 =$	$-30 / (-6) =$
$-25 / 5 =$	$-54 / 6 =$	$-30 / 6 =$	$4 / (-4) =$
$49 / 7 =$	$-40 / (-5) =$	$-35 / 5 =$	$-9 / (-3) =$
$54 / 6 =$	$6 / 6 =$	$4 / (-2) =$	$-30 / 5 =$
$-24 / 8 =$	$-2 / (-2) =$	$54 / (-6) =$	$63 / (-9) =$
$-12 / (-6) =$	$-72 / (-8) =$	$5 / 1 =$	$63 / 9 =$
$10 / 5 =$	$18 / (-6) =$	$-21 / 3 =$	$2 / 1 =$
$0 / 9 =$	$-27 / 3 =$	$12 / 6 =$	$-16 / 4 =$
$-40 / 8 =$	$15 / 5 =$	$56 / 7 =$	$-4 / (-1) =$
$48 / (-6) =$	$28 / 7 =$	$7 / 7 =$	$36 / 6 =$
$-16 / (-2) =$	$-72 / 9 =$	$20 / 4 =$	$-63 / 9 =$

$-6 \ / \ 1 =$	$32 \ / \ 4 =$	$20 \ / \ 4 =$	$-3 \ / \ 3 =$
$16 \ / (-8) =$	$14 \ / \ 7 =$	$-72 \ / (-9) =$	$12 \ / (-2) =$
$8 \ / \ 8 =$	$-5 \ / \ 1 =$	$-9 \ / (-3) =$	$-9 \ / (-3) =$
$-35 \ / (-7) =$	$24 \ / \ 4 =$	$12 \ / (-3) =$	$48 \ / (-8) =$
$-45 \ / \ 9 =$	$64 \ / (-8) =$	$-9 \ / (-3) =$	$-36 \ / \ 9 =$
$-18 \ / (-9) =$	$-6 \ / \ 1 =$	$18 \ / \ 9 =$	$4 \ / \ 4 =$
$3 \ / (-1) =$	$-24 \ / \ 3 =$	$-42 \ / (-7) =$	$3 \ / \ 1 =$
$-45 \ / \ 5 =$	$20 \ / \ 4 =$	$63 \ / \ 7 =$	$-18 \ / (-6) =$
$14 \ / \ 2 =$	$12 \ / (-3) =$	$-49 \ / \ 7 =$	$-9 \ / (-3) =$
$-35 \ / (-7) =$	$35 \ / (-7) =$	$24 \ / \ 8 =$	$-24 \ / (-8) =$
$-24 \ / (-6) =$	$-12 \ / \ 3 =$	$-12 \ / (-6) =$	$-24 \ / (-8) =$
$16 \ / (-4) =$	$0 \ / \ 5 =$	$-12 \ / (-2) =$	$-9 \ / (-3) =$
$8 \ / (-4) =$	$-40 \ / (-5) =$	$21 \ / \ 3 =$	$63 \ / \ 9 =$
$49 \ / \ 7 =$	$1 \ / (-1) =$	$-72 \ / (-9) =$	$56 \ / (-8) =$
$0 \ / (-6) =$	$35 \ / \ 5 =$	$27 \ / (-9) =$	$-40 \ / \ 8 =$
$63 \ / \ 7 =$	$-36 \ / (-9) =$	$-15 \ / (-3) =$	$24 \ / (-3) =$
$3 \ / \ 3 =$	$-24 \ / \ 6 =$	$-18 \ / \ 6 =$	$12 \ / \ 2 =$

-5 / 1 =	7 / (-7) =	16 / (-2) =	0 / 1 =
-8 / (-8) =	-9 / (-3) =	-16 / (-8) =	15 / 5 =
-18 / 3 =	42 / 7 =	1 / (-1) =	25 / 5 =
-36 / 9 =	8 / 1 =	-35 / 5 =	-3 / (-1) =
6 / (-6) =	-9 / (-3) =	4 / 4 =	-10 / 5 =
-56 / (-7) =	40 / 8 =	-8 / 1 =	42 / (-6) =
30 / (-5) =	8 / (-8) =	45 / 5 =	-4 / (-1) =
-16 / 2 =	81 / 9 =	-4 / 2 =	-8 / (-8) =
-9 / (-9) =	-63 / 9 =	-20 / 4 =	-10 / 2 =
-6 / (-1) =	-12 / (-4) =	0 / 5 =	63 / 9 =
15 / (-5) =	-14 / (-2) =	-18 / (-6) =	-42 / (-7) =
8 / (-4) =	-4 / 2 =	-40 / 5 =	-5 / 5 =
36 / 6 =	48 / (-8) =	20 / 4 =	12 / (-3) =
-36 / (-9) =	21 / 7 =	36 / (-6) =	-9 / (-3) =
-12 / (-4) =	24 / (-6) =	-5 / 5 =	-9 / (-3) =
56 / 8 =	6 / (-2) =	-21 / 3 =	63 / 7 =
-35 / (-5) =	-54 / (-6) =	28 / (-7) =	7 / (-1) =

$28 / 4 =$	$6 / (-6) =$	$18 / (-6) =$	$25 / (-5) =$
$-45 / 9 =$	$6 / (-2) =$	$-9 / (-3) =$	$-32 / (-8) =$
$12 / 6 =$	$-2 / 2 =$	$0 / (-4) =$	$2 / (-2) =$
$10 / 5 =$	$-20 / (-4) =$	$40 / 5 =$	$40 / 5 =$
$-81 / 9 =$	$-24 / (-4) =$	$-3 / (-3) =$	$30 / 5 =$
$-9 / (-3) =$	$-15 / 3 =$	$81 / (-9) =$	$-10 / 2 =$
$-9 / (-3) =$	$-32 / (-4) =$	$2 / (-1) =$	$-14 / (-2) =$
$28 / 7 =$	$-4 / 2 =$	$16 / 8 =$	$27 / 9 =$
$-18 / 2 =$	$-8 / (-8) =$	$8 / (-4) =$	$12 / 6 =$
$-4 / 1 =$	$18 / (-9) =$	$-24 / 4 =$	$-36 / (-6) =$
$4 / 1 =$	$-81 / 9 =$	$-21 / (-3) =$	$-18 / (-3) =$
$-30 / (-5) =$	$0 / (-9) =$	$16 / (-8) =$	$3 / (-1) =$
$3 / (-3) =$	$14 / 7 =$	$-8 / 2 =$	$-10 / 2 =$
$5 / (-5) =$	$21 / 3 =$	$-8 / (-4) =$	$24 / (-6) =$
$-42 / (-6) =$	$42 / 6 =$	$24 / 8 =$	$-10 / 2 =$
$72 / 8 =$	$21 / (-7) =$	$21 / 7 =$	$-6 / 6 =$
$-12 / (-3) =$	$12 / (-4) =$	$12 / (-6) =$	$-16 / 2 =$

72 / 8 =	56 / 8 =	45 / 9 =	−5 /(−5)=
−72 / 8 =	10 /(−2)=	−10 /(−5)=	−15 / 3 =
−9 / 9 =	5 / 1 =	35 /(−5)=	64 / 8 =
−15 /(−5)=	4 /(−4)=	36 / 6 =	35 /(−7)=
−18 / 3 =	−4 / 4 =	20 /(−4)=	0 / 1 =
−12 / 4 =	−7 /(−7)=	−7 / 7 =	−18 /(−2)=
−12 / 6 =	1 /(−1)=	56 / 8 =	−18 /(−9)=
16 / 2 =	49 /(−7)=	−56 / 8 =	20 / 5 =
48 /(−6)=	40 / 8 =	21 / 3 =	−10 /(−2)=
24 / 6 =	−6 /(−2)=	81 /(−9)=	−7 /(−1)=
−10 /(−5)=	−18 /(−3)=	−35 /(−5)=	−8 /(−8)=
0 / 1 =	72 / 9 =	−4 / 4 =	0 / 9 =
4 /(−4)=	−24 / 4 =	24 / 3 =	0 /(−3)=
5 /(−1)=	−9 /(−3)=	54 / 6 =	−27 / 3 =
−4 /(−1)=	8 /(−8)=	−30 /(−6)=	−5 /(−1)=
−4 /(−1)=	16 / 2 =	54 /(−9)=	−2 / 2 =
−3 /(−3)=	20 / 5 =	−8 / 4 =	−6 / 6 =

12 / 4 =	-4 / 4 =	-56 /(-7) =	-48 /(-8) =
18 / 3 =	49 /(-7) =	-18 /(-3) =	-30 /(-5) =
-16 / 4 =	45 / 5 =	24 /(-6) =	0 / 5 =
27 /(-3) =	6 / 1 =	54 / 6 =	81 / 9 =
-9 / 9 =	-6 / 3 =	4 / 4 =	-54 / 6 =
25 /(-5) =	-4 /(-4) =	-7 /(-1) =	9 / 3 =
0 /(-8) =	-18 /(-3) =	-20 / 4 =	4 / 4 =
-7 / 1 =	5 / 5 =	28 / 7 =	-12 /(-6) =
4 /(-2) =	-20 /(-4) =	0 /(-8) =	-15 /(-3) =
3 / 1 =	-18 /(-6) =	-72 / 9 =	24 / 6 =
-16 / 8 =	-56 /(-8) =	-7 /(-7) =	6 / 6 =
24 /(-3) =	-9 /(-3) =	-24 / 4 =	-4 / 4 =
6 / 1 =	6 /(-3) =	-35 /(-7) =	10 /(-5) =
-27 /(-3) =	0 / 8 =	-18 / 3 =	-24 /(-8) =
-54 / 6 =	-9 /(-3) =	10 / 2 =	-36 /(-4) =
8 / 2 =	3 / 3 =	-54 /(-9) =	24 / 4 =
10 /(-5) =	-2 / 2 =	64 / 8 =	45 / 9 =

15 / 5 =	42 / 6 =	-9 / (-3) =	0 / (-9) =
35 / 7 =	6 / 1 =	-32 / (-4) =	18 / (-2) =
16 / 4 =	-48 / (-6) =	63 / (-7) =	9 / (-9) =
54 / (-9) =	-5 / (-1) =	-4 / 1 =	0 / (-6) =
12 / 3 =	-81 / (-9) =	-48 / (-6) =	-20 / 5 =
24 / 4 =	9 / 9 =	24 / 4 =	0 / 8 =
36 / 6 =	-35 / 5 =	-32 / (-4) =	-36 / 6 =
-54 / 6 =	4 / 1 =	-42 / 7 =	56 / 8 =
-4 / (-1) =	14 / (-2) =	-48 / 6 =	-9 / (-3) =
20 / (-4) =	25 / (-5) =	-35 / 5 =	-32 / 8 =
72 / 8 =	-6 / (-2) =	0 / (-6) =	56 / (-7) =
0 / 5 =	10 / 5 =	-9 / 3 =	30 / 6 =
36 / (-6) =	-4 / 4 =	-24 / 8 =	18 / 9 =
8 / (-8) =	-27 / (-3) =	48 / (-8) =	49 / 7 =
0 / 4 =	-4 / 1 =	-10 / (-2) =	-14 / 7 =
25 / 5 =	-8 / (-2) =	-72 / (-9) =	36 / 4 =
-63 / (-7) =	-3 / 3 =	-21 / (-7) =	27 / (-3) =

$24 / 8 =$ $-28 / (-7) =$ $-9 / (-3) =$ $5 / (-1) =$

$1 / 1 =$ $40 / (-8) =$ $-24 / (-8) =$ $5 / 1 =$

$-40 / (-5) =$ $7 / (-1) =$ $-9 / (-3) =$ $14 / (-2) =$

$32 / (-4) =$ $-9 / (-3) =$ $1 / 1 =$ $9 / 3 =$

$0 / 5 =$ $20 / 5 =$ $8 / (-4) =$ $-64 / (-8) =$

$-9 / (-3) =$ $3 / (-3) =$ $0 / (-1) =$ $-72 / (-8) =$

$40 / (-5) =$ $40 / 5 =$ $-2 / 1 =$ $21 / 7 =$

$-6 / 1 =$ $-9 / (-3) =$ $32 / (-4) =$ $-40 / 8 =$

$-21 / (-3) =$ $-45 / (-5) =$ $48 / (-6) =$ $48 / 8 =$

$0 / 8 =$ $-36 / 9 =$ $32 / (-8) =$ $-5 / 5 =$

$0 / (-6) =$ $-2 / (-1) =$ $-16 / 8 =$ $-64 / 8 =$

$-64 / 8 =$ $14 / (-2) =$ $63 / 7 =$ $-4 / 4 =$

$-4 / 1 =$ $12 / (-3) =$ $54 / (-9) =$ $-36 / 9 =$

$-2 / (-2) =$ $-4 / 4 =$ $-56 / 7 =$ $4 / 1 =$

$-5 / 5 =$ $30 / 6 =$ $6 / (-3) =$ $-27 / 9 =$

$-18 / (-6) =$ $-4 / 4 =$ $-18 / 9 =$ $-1 / 1 =$

$-54 / (-6) =$ $24 / 4 =$ $-48 / 6 =$ $-3 / 3 =$

$-72 / (-9) =$	$-3 / (-1) =$	$64 / (-8) =$	$3 / 1 =$
$-63 / 7 =$	$-8 / 2 =$	$-9 / (-3) =$	$-25 / (-5) =$
$12 / 2 =$	$30 / 6 =$	$-35 / 5 =$	$-14 / 7 =$
$-15 / 3 =$	$-5 / 1 =$	$9 / (-3) =$	$24 / (-8) =$
$24 / (-4) =$	$-35 / 7 =$	$-9 / (-3) =$	$-8 / (-8) =$
$-54 / 9 =$	$-3 / (-3) =$	$-16 / 4 =$	$16 / 8 =$
$-32 / (-8) =$	$-28 / 7 =$	$-35 / 5 =$	$-4 / 4 =$
$16 / (-4) =$	$-9 / (-3) =$	$56 / 8 =$	$-48 / (-6) =$
$-9 / (-3) =$	$-32 / (-4) =$	$-14 / 7 =$	$0 / (-9) =$
$-49 / 7 =$	$-18 / (-9) =$	$16 / (-2) =$	$63 / 9 =$
$45 / 5 =$	$-4 / (-4) =$	$35 / 5 =$	$-49 / (-7) =$
$-28 / 4 =$	$28 / (-4) =$	$18 / (-6) =$	$30 / 6 =$
$-54 / (-6) =$	$6 / (-3) =$	$18 / (-9) =$	$48 / 8 =$
$-48 / 6 =$	$-8 / 8 =$	$28 / (-4) =$	$-36 / (-4) =$
$-16 / 2 =$	$-9 / (-3) =$	$20 / (-5) =$	$36 / 6 =$
$9 / 9 =$	$-36 / 6 =$	$-16 / (-2) =$	$15 / (-3) =$
$16 / 2 =$	$-9 / (-3) =$	$12 / (-2) =$	$-9 / (-3) =$

6 / 3 =	-12 /(-2) =	3 / 3 =	-40 / 8 =
-9 /(-3) =	-1 /(-1) =	48 / 6 =	-9 /(-3) =
9 /(-1) =	-5 / 1 =	-4 / 2 =	-20 /(-5) =
-48 /(-6) =	-25 / 5 =	-8 /(-4) =	-3 / 1 =
-12 /(-3) =	5 / 5 =	9 /(-3) =	42 /(-6) =
21 / 3 =	-10 /(-5) =	49 /(-7) =	20 /(-5) =
32 /(-8) =	-16 /(-2) =	81 / 9 =	-16 /(-4) =
6 /(-1) =	2 /(-2) =	16 /(-2) =	-16 /(-2) =
72 / 8 =	-35 / 7 =	36 / 9 =	-24 / 6 =
-45 / 5 =	-72 / 8 =	-35 / 7 =	9 /(-3) =
0 /(-3) =	-18 / 2 =	0 /(-9) =	63 /(-7) =
-28 / 4 =	54 / 6 =	-4 / 4 =	-20 / 4 =
18 / 9 =	-9 / 3 =	4 /(-4) =	16 /(-2) =
42 / 6 =	5 /(-5) =	-18 /(-6) =	-16 / 4 =
36 / 9 =	63 /(-7) =	20 / 5 =	-72 /(-8) =
-16 /(-8) =	-6 / 1 =	-63 /(-7) =	-20 /(-5) =
0 / 3 =	-24 / 8 =	32 /(-8) =	4 / 2 =

35 / (−5) =   −6 / (−2) =   48 / (−8) =   −12 / (−6) =

56 / 8 =   −32 / 8 =   16 / 4 =   30 / 6 =

9 / 3 =   35 / (−7) =   18 / (−9) =   −8 / 2 =

−56 / 7 =   30 / (−6) =   −9 / (−3) =   10 / 5 =

−15 / 3 =   2 / 2 =   7 / (−1) =   −24 / 8 =

−15 / 3 =   −9 / (−3) =   6 / 3 =   −12 / 3 =

16 / (−8) =   −32 / (−4) =   6 / (−1) =   −64 / (−8) =

−28 / 4 =   45 / 9 =   −36 / 6 =   0 / 9 =

−12 / (−3) =   −16 / 2 =   0 / (−8) =   −36 / 4 =

−12 / (−6) =   24 / 8 =   72 / (−9) =   7 / 7 =

−18 / (−9) =   54 / (−9) =   −8 / (−1) =   81 / (−9) =

12 / 6 =   −1 / 1 =   −14 / (−2) =   −49 / (−7) =

−35 / 7 =   12 / 2 =   −45 / 5 =   −6 / (−2) =

−35 / 5 =   20 / (−5) =   40 / 5 =   5 / 1 =

−5 / 1 =   27 / (−3) =   −12 / 2 =   −12 / 6 =

−9 / 9 =   −16 / (−4) =   −10 / (−5) =   63 / 7 =

−63 / (−7) =   9 / (−9) =   −6 / 2 =   −30 / 6 =

$-30 / (-6) =$	$8 / 1 =$	$-6 / 3 =$	$-14 / (-2) =$
$72 / 8 =$	$18 / 6 =$	$-5 / (-1) =$	$0 / 7 =$
$-6 / (-1) =$	$36 / 9 =$	$-42 / (-6) =$	$1 / (-1) =$
$-54 / (-9) =$	$36 / (-6) =$	$27 / 3 =$	$-12 / 3 =$
$36 / (-4) =$	$32 / (-4) =$	$-48 / 8 =$	$72 / (-8) =$
$-64 / 8 =$	$27 / 9 =$	$40 / 8 =$	$-27 / (-9) =$
$-4 / (-1) =$	$-54 / (-6) =$	$12 / 4 =$	$-6 / (-2) =$
$0 / (-4) =$	$-30 / 5 =$	$24 / 6 =$	$24 / (-3) =$
$25 / (-5) =$	$8 / (-8) =$	$7 / (-7) =$	$-72 / (-9) =$
$14 / 2 =$	$-4 / (-2) =$	$0 / (-3) =$	$-54 / (-6) =$
$-54 / 6 =$	$12 / (-2) =$	$49 / (-7) =$	$-6 / (-1) =$
$4 / 2 =$	$4 / (-4) =$	$7 / 1 =$	$-10 / (-2) =$
$-6 / 2 =$	$4 / (-4) =$	$25 / 5 =$	$20 / (-4) =$
$10 / (-5) =$	$-9 / (-3) =$	$6 / (-3) =$	$-32 / 4 =$
$-18 / (-6) =$	$-14 / 2 =$	$-15 / 3 =$	$15 / (-3) =$
$-28 / 4 =$	$2 / (-1) =$	$-15 / (-5) =$	$-9 / 1 =$
$30 / 5 =$	$-9 / (-3) =$	$24 / 3 =$	$0 / (-4) =$

18 / 3 =	-5 / 5 =	36 /(-4)=	16 / 2 =
-40 /(-8)=	8 / 1 =	40 / 5 =	6 / 2 =
-10 / 5 =	0 /(-2)=	-45 / 9 =	-9 /(-3)=
-1 / 1 =	5 /(-5)=	18 /(-9)=	-45 /(-9)=
24 /(-3)=	-56 / 8 =	18 / 3 =	8 / 2 =
-30 / 6 =	-10 /(-2)=	36 /(-9)=	5 /(-1)=
6 / 6 =	35 /(-5)=	-30 / 5 =	21 / 3 =
-8 / 4 =	-4 / 1 =	35 / 7 =	8 / 2 =
-30 /(-5)=	81 /(-9)=	5 /(-1)=	9 / 9 =
-2 / 2 =	-9 /(-3)=	-24 / 6 =	-6 /(-6)=
9 / 3 =	6 /(-3)=	-8 / 4 =	-9 /(-1)=
-9 /(-3)=	-9 / 3 =	0 /(-2)=	2 / 1 =
-16 / 8 =	42 / 7 =	36 / 4 =	12 /(-4)=
6 /(-6)=	-8 / 8 =	36 / 9 =	81 /(-9)=
-4 /(-2)=	-8 / 2 =	-9 /(-3)=	15 / 5 =
-9 /(-3)=	-6 / 3 =	-24 / 4 =	8 / 8 =
-72 /(-9)=	-20 / 5 =	40 /(-8)=	-21 /(-7)=

$-3 / 3 =$ $-42 / 6 =$ $-8 / 8 =$ $8 / 4 =$

$2 / 2 =$ $64 / (-8) =$ $-35 / 7 =$ $0 / (-7) =$

$36 / 4 =$ $-63 / 7 =$ $-4 / (-1) =$ $36 / 4 =$

$4 / (-2) =$ $-10 / 2 =$ $-48 / 8 =$ $0 / 8 =$

$30 / (-6) =$ $18 / (-3) =$ $-56 / (-7) =$ $-20 / 4 =$

$-72 / (-9) =$ $-16 / 4 =$ $-6 / (-1) =$ $-9 / (-3) =$

$0 / (-8) =$ $-24 / 3 =$ $3 / (-1) =$ $-49 / (-7) =$

$-18 / 6 =$ $-9 / (-3) =$ $-24 / 4 =$ $-10 / (-5) =$

$42 / 7 =$ $72 / 8 =$ $-1 / 1 =$ $0 / 1 =$

$-54 / (-6) =$ $-12 / 6 =$ $-45 / (-5) =$ $-16 / 4 =$

$63 / 7 =$ $48 / (-6) =$ $-16 / 8 =$ $2 / (-1) =$

$-30 / 5 =$ $36 / 6 =$ $12 / 3 =$ $-21 / (-3) =$

$12 / (-2) =$ $28 / (-4) =$ $-16 / (-8) =$ $-9 / (-3) =$

$-12 / (-2) =$ $-24 / (-6) =$ $-8 / 4 =$ $-15 / 3 =$

$-21 / (-3) =$ $0 / 6 =$ $-16 / 4 =$ $15 / 5 =$

$-1 / 1 =$ $-30 / (-5) =$ $-28 / (-7) =$ $24 / (-4) =$

$56 / 7 =$ $28 / 7 =$ $6 / (-2) =$ $-4 / 1 =$

$-72 / (-9) =$	$-4 / 4 =$	$21 / 3 =$	$-2 / (-2) =$
$56 / 7 =$	$18 / (-2) =$	$-42 / 6 =$	$-9 / (-3) =$
$-24 / (-6) =$	$45 / 5 =$	$-9 / 3 =$	$-3 / (-3) =$
$-9 / (-3) =$	$6 / 6 =$	$-56 / (-8) =$	$7 / (-7) =$
$21 / (-7) =$	$-4 / 4 =$	$-42 / (-6) =$	$-48 / 6 =$
$-28 / (-7) =$	$-49 / 7 =$	$-15 / (-5) =$	$40 / 5 =$
$-18 / 2 =$	$16 / (-2) =$	$-18 / (-2) =$	$6 / 2 =$
$-8 / 4 =$	$15 / (-5) =$	$35 / (-7) =$	$25 / (-5) =$
$45 / (-5) =$	$49 / 7 =$	$7 / 1 =$	$-45 / 9 =$
$21 / 3 =$	$27 / (-3) =$	$40 / 8 =$	$-2 / 2 =$
$18 / 6 =$	$24 / 8 =$	$-12 / 3 =$	$18 / 9 =$
$-63 / (-9) =$	$72 / 8 =$	$-12 / 3 =$	$14 / (-2) =$
$-4 / (-1) =$	$-56 / (-7) =$	$42 / (-7) =$	$-10 / 5 =$
$48 / 6 =$	$-15 / 3 =$	$20 / 4 =$	$6 / (-2) =$
$-9 / (-3) =$	$30 / (-5) =$	$-48 / (-8) =$	$-2 / (-1) =$
$4 / 1 =$	$18 / 2 =$	$-63 / 7 =$	$-32 / (-4) =$
$-16 / 2 =$	$-45 / 9 =$	$-36 / (-6) =$	$-40 / (-5) =$

-18 / (-2) =   -16 / (-2) =   -30 / (-5) =   -9 / 1 =

-30 / (-5) =   12 / (-2) =   40 / (-8) =   36 / (-9) =

-14 / (-2) =   54 / 6 =   -72 / 8 =   -12 / (-4) =

-24 / (-8) =   -9 / (-3) =   16 / 2 =   -32 / (-8) =

64 / (-8) =   10 / 5 =   -18 / (-2) =   0 / (-4) =

-45 / 9 =   10 / 2 =   -10 / (-2) =   -4 / 1 =

-9 / (-3) =   -48 / 6 =   -63 / (-7) =   0 / 2 =

3 / 1 =   5 / 1 =   -14 / (-7) =   10 / 2 =

-7 / (-1) =   56 / 7 =   -9 / (-3) =   -5 / 5 =

8 / (-4) =   -8 / 1 =   63 / 7 =   12 / (-4) =

9 / (-9) =   12 / 3 =   8 / (-4) =   -8 / 1 =

5 / 1 =   32 / (-4) =   56 / 7 =   -21 / (-7) =

-8 / (-1) =   -40 / 5 =   -72 / 8 =   0 / (-8) =

56 / 8 =   -36 / 6 =   -63 / (-9) =   15 / 5 =

-9 / (-1) =   10 / 5 =   -36 / 4 =   30 / (-5) =

4 / 1 =   -7 / (-1) =   20 / 4 =   35 / 7 =

-8 / (-4) =   35 / (-5) =   -16 / 4 =   1 / 1 =

Answer Key

Part 1 Answers:

Page 7

-11,	8,	-2,	-10
-14,	-9,	1,	5
0,	3,	-15,	2
-18,	-3,	-1,	-6
3,	8,	6,	6
7,	10,	12,	-10
14,	-1,	12,	8
14,	5,	-5,	7
-1,	-8,	3,	2
-14,	-1,	-13,	9
-7,	4,	-3,	1
-4,	-9,	9,	6
-2,	-18,	-5,	1
3,	-11,	2,	-2
-8,	15,	-6,	9
1,	0,	2,	9
-15,	-13,	-10,	4

Page 8

11,	1,	13,	-15
-2,	10,	-16,	1
8,	-14,	10,	-3
12,	3,	12,	12
1,	-4,	5,	18
-3,	0,	-1,	2
15,	1,	-5,	-16
-13,	-12,	-5,	6
-11,	-8,	2,	-1
1,	13,	5,	-16
-4,	12,	13,	16
4,	-3,	8,	1
5,	-7,	0,	-4
1,	-8,	16,	8
7,	-5,	-12,	4
15,	12,	11,	-6
-6,	-15,	-13,	-3

Page 9

13,	12,	11,	7
14,	1,	3,	0
9,	-4,	8,	6
-16,	4,	-8,	-9
-11,	-4,	0,	3
-4,	0,	-10,	-5
9,	-7,	5,	8
-11,	2,	-4,	2
-1,	-13,	0,	2
2,	8,	-6,	16
17,	3,	4,	11
-1,	-1,	5,	2
3,	16,	7,	4
-17,	14,	7,	-12
-14,	6,	10,	-11
4,	-6,	12,	-2
11,	11,	-3,	-6

Page 10

1,	16,	7,	10
1,	-4,	-5,	2
-12,	4,	3,	-11
1,	-2,	-9,	-1
-3,	2,	4,	1
1,	9,	-8,	8
6,	9,	13,	-6
6,	-16,	11,	-8
-6,	5,	7,	0
-11,	3,	-16,	-4
-1,	11,	-3,	8
4,	-2,	-3,	8
-3,	0,	0,	10
13,	-7,	1,	3
12,	7,	-12,	-12
7,	-2,	7,	5
-1,	-1,	-2,	5

Page 11

-7,	-1,	-6,	-2
-7,	4,	4,	-2
-11,	6,	2,	-13
-3,	-4,	-16,	-15
-6,	3,	1,	-15
-5,	15,	-16,	-2
-17,	6,	1,	-8
2,	11,	-17,	-4
-6,	3,	-13,	-4
6,	-2,	0,	-1
-4,	5,	6,	12
15,	4,	-11,	-15
6,	0,	-15,	9
7,	-2,	0,	-12
8,	10,	11,	-9
13,	15,	-7,	4
7,	-5,	-4,	-13

Page 12

-1,	5,	-13,	-2
-10,	3,	5,	-11
2,	0,	-1,	-6
-5,	-3,	-5,	5
-1,	4,	2,	6
-4,	-2,	-9,	2
-1,	12,	10,	12
5,	-5,	-5,	-11
0,	9,	10,	4
-5,	-13,	9,	-3
0,	6,	-7,	8
0,	0,	-7,	4
7,	-8,	6,	-7
6,	2,	1,	-7
5,	-4,	5,	0
5,	-16,	-13,	-8
1,	-1,	-8,	7

Page 13

5,	1,	-12,	11
8,	-1,	6,	-5
-10,	14,	2,	10
4,	-2,	4,	-5
4,	-1,	-3,	-14
-2,	4,	-14,	-17
-1,	-1,	16,	-11
-11,	-6,	9,	-9
-2,	-5,	2,	8
-5,	3,	9,	-10
-3,	4,	7,	0
7,	-1,	3,	14
4,	-10,	-3,	-6
-9,	0,	-13,	6
-5,	-4,	11,	9
-1,	-11,	-6,	2
-1,	3,	5,	14

Page 14

-8,	-14,	4,	-9
-9,	6,	-5,	9
-11,	4,	5,	-13
-16,	4,	-2,	-9
0,	4,	17,	5
-7,	6,	-1,	4
-3,	0,	-17,	9
-13,	-12,	-6,	-16
-8,	6,	8,	7
14,	-1,	-10,	-1
5,	1,	-10,	-11
13,	-5,	3,	-9
-5,	0,	-4,	10
-11,	-6,	-12,	15
-6,	6,	8,	-11
-5,	-9,	13,	0
11,	9,	8,	-8

Page 15

6,	15,	-11,	9
1,	3,	12,	5
0,	-9,	-11,	3
-16,	-5,	-11,	-8
-2,	3,	15,	1
-2,	-5,	0,	-5
-9,	9,	-4,	14
2,	-6,	1,	0
-3,	9,	-11,	6
13,	-9,	-7,	-5
6,	-4,	13,	-13
0,	-2,	-8,	-5
-5,	10,	-2,	7
-10,	-3,	14,	0
-3,	-2,	4,	12
6,	-7,	-2,	17
14,	9,	3,	13

Page 16
-14,   -6,   13,   14
  1, -17,   5, -14
-11,   -4,   3,   -5
-10,   0,   0,   8
  1,   15,   1,   13
 -7,   10,   17,   -1
  1,   -2,   -5,   -2
  0, -15,   15,   -5
 -3, -15, -11,   -8
  6,   1,   -2,   -5
-13,   -7, -14,   10
 10,   -5,   -6,   13
-10,   0,   -4,   -4
  0, -13,   15, -13
  6,   10,   -7,   1
  9,   3,   -1,   7
 -6,   -1,   8,   -8

Page 17
 -6,   -6,   -5,   -8
 -1,   2, -10,   13
 -9,   16,   -4,   0
  4,   -6,   7, -13
 16,   -5,   16,   -3
  1,   8, -12,   -6
 -3,   4,   -8,   -2
 12,   3,   6,   9
 -4,   0,   10,   1
 -1,   12,   -6,   -1
 -5,   11,   -3,   0
 14,   10,   1,   -9
 -7,   0,   9,   11
 10,   4, -11,   -3
  4,   6,   -5,   -2
 12,   -4,   -7,   7
-12,   11,   -6,   2

Page 18
  4,   5,   7,   0
  4,   -2,   -4,   -2
  6,   2,   -1,   3
  5,   8,   -7,   0
  9,   -1,   3,   -3
 11,   13,   12, -17
 -4,   -4,   -2,   8
  5,   10, -10,   10
 -2,   7, -13,   17
  2,   1,   3,   -3
 -6,   5,   -2, -17
  6, -10, -10,   4
 -8,   -2, -16,   1
  4,   6,   -2, -12
 13,   3,   3,   0
  8,   6,   -2, -13
  0,   3,   3,   0

Page 19
  7,   4,   4,   -3
 -3,   3,   -1, -18
-12,   7,   -5,   -7
  4,   -3,   8, -10
  0,   -2,   -1,   -8
 -3,   -9,   6, -10
 -2,   -9,   10,   13
  6,   11,   10,   9
  6,   7,   15,   2
  2,   0,   -1,   -4
 12,   15,   18,   -5
 -5,   13,   4,   -2
 -3,   5,   16,   1
  3, -11,   -5,   -7
  2, -10, -10, -11
 -6,   -5,   -8,   -7
 16,   1, -13,   -4

Page 20
  3,   0,   7,   -4
 -4,   5, -14,   -4
 -2, -10, -10, -15
  3, -14,   -3,   2
 -5,   -2,   10,   4
 -2,   -1,   3,   1
 -2,   -3,   -2,   1
 -8,   -1,   -2,   -3
 -5,   11,   6,   -3
 10,   0,   -1,   7
 -5,   13, -12,   5
 10,   15,   0,   9
-13, -15,   -1,   -2
-11,   -9,   -3,   12
  1,   6,   -1,   -8
 -9,   -1,   8,   -3
 14,   10, -12,   -7

Page 21
 -1,   13,   -4, -18
 -9,   0,   6,   5
 12,   2,   -9,   2
 -4,   1,   11,   -9
  2,   -7,   -3,   -6
 10,   0,   10,   -1
 13,   10,   5, -12
 -7,   -3,   -3,   8
 -3, -13,   5,   11
  7, -11,   -9,   3
  5, -11,   6,   10
  5,   8,   6, -11
 10,   -2,   2,   5
  9,   -9, -12, -11
 11,   -2,   0,   0
-15,   4,   9,   8
  0,   -6,   -8,   -5

Page 22
 -4,   11,   -2,   7
 -9,   -9,   -3,   1
  2,   2,   3,   1
-14,   -1,   -3,   15
 -9,   0, -15, -12
  9,   3,   3,   2
 -1,   11, -14, -14
 12, -10,   12,   -8
 -8,   7,   -3,   11
  0,   -9,   -7,   0
  5,   5,   -4,   2
 14,   10, -12,   -4
  6,   -3, -10,   -8
 -4,   -6,   -9,   -1
-16,   13,   10,   13
 -3, -13, -10,   8
  9,   2,   10,   4

Page 23
  4,   -4,   1,   9
  1, -18,   0,   -6
  3,   -2,   2,   5
-13,   -5,   -4,   3
 -7,   -8,   6,   -1
 -1,   -6,   5,   1
  5,   6,   2,   6
  2,   10,   0,   9
 -5,   12,   9,   -3
  7,   -8,   7,   2
 -2,   -9,   -5,   -8
 12,   12,   10,   -2
  7,   10,   9,   14
 17, -13,   10,   -7
 -1,   0,   -1,   7
-10,   -7,   -6,   13
  9,   -2, -13, -10

Page 24
  6,   5,   -1,   11
 -1,   -8,   -5,   3
  7,   3,   9,   -9
 11,   -2,   17,   -2
-11,   -8, -11,   6
 15,   3,   -1,   1
-12,   -9,   2, -11
 -3,   0,   -7,   1
  2,   -1,   -6,   -1
-11,   7,   -6,   2
 -8, -10,   10,   4
 -9,   -2,   -7,   11
  7,   -3,   -3,   2
  6,   -3,   7,   -2
  1,   4,   -3,   8
 -7,   7,   -8,   -1
  9,   10,   -5,   4

Page 25

-8,	8,	13,	2
-6,	-5,	-11,	3
11,	-1,	11,	9
3,	-5,	-8,	2
5,	2,	-8,	0
9,	2,	4,	-2
-7,	-10,	1,	-4
-2,	11,	-9,	2
-7,	5,	11,	-5
12,	0,	-9,	7
0,	4,	-10,	15
-14,	4,	-1,	9
-11,	6,	6,	9
-7,	15,	10,	-9
-10,	-8,	4,	3
9,	-3,	0,	-4
-7,	-13,	4,	8

Page 26

-2,	-1,	5,	-6
10,	-1,	11,	1
2,	-3,	-4,	-3
-12,	2,	8,	7
1,	-3,	0,	9
-16,	0,	13,	-4
-4,	-11,	6,	-2
-10,	-9,	1,	3
-3,	2,	-15,	0
-8,	17,	0,	-1
-5,	10,	16,	6
8,	-12,	1,	5
1,	-10,	11,	-12
1,	-13,	6,	-2
-14,	6,	6,	10
-9,	4,	2,	2
3,	10,	3,	10

Page 27

5,	7,	-4,	-11
-14,	-2,	6,	-5
-6,	8,	-8,	-9
4,	10,	13,	-7
-1,	-6,	9,	2
-7,	-1,	-9,	7
16,	12,	-13,	-5
2,	-4,	0,	0
18,	4,	-5,	5
16,	13,	-13,	4
8,	-1,	-1,	8
-3,	7,	1,	-3
10,	-3,	11,	-13
2,	-15,	-10,	11
1,	-12,	0,	-5
-1,	-2,	2,	11
2,	-3,	8,	-6

Page 28

-15,	-8,	11,	-7
5,	6,	2,	-9
1,	1,	16,	-2
-13,	11,	4,	7
-1,	0,	-1,	4
-7,	5,	-7,	12
5,	14,	-5,	1
6,	13,	10,	-6
8,	-1,	-12,	-6
-12,	-2,	11,	2
-8,	3,	-2,	11
5,	8,	-15,	-5
9,	-1,	10,	1
-3,	4,	-8,	15
-5,	-5,	12,	-4
-7,	12,	-12,	13
-3,	0,	5,	7

Page 29

9,	-12,	2,	3
3,	2,	-14,	-5
-1,	9,	-7,	7
0,	0,	2,	-14
-13,	-2,	0,	-5
-4,	-2,	-4,	10
0,	-8,	9,	-1
2,	6,	8,	2
2,	6,	4,	4
16,	-2,	-8,	7
-12,	12,	13,	-2
-4,	3,	-7,	1
1,	4,	-3,	-17
-17,	-3,	4,	-5
-3,	12,	-5,	6
-2,	-9,	7,	-1
-2,	-8,	7,	7

Page 30

6,	-18,	0,	13
9,	-7,	-1,	3
10,	-13,	-10,	-3
10,	-2,	1,	11
-17,	8,	1,	1
14,	4,	-4,	-4
6,	2,	5,	2
-2,	11,	6,	4
1,	2,	-7,	-2
-5,	3,	-14,	4
-1,	10,	10,	9
-10,	-2,	-1,	4
4,	15,	4,	-7
2,	11,	4,	4
0,	12,	-14,	3
-1,	4,	-1,	-1
11,	-6,	7,	-13

Page 31

-16,	17,	17,	-2
0,	-17,	0,	12
0,	-9,	-1,	-8
-7,	-16,	9,	4
14,	8,	7,	11
4,	-2,	5,	6
-9,	11,	7,	4
-3,	2,	-10,	-3
5,	1,	1,	4
5,	7,	13,	-7
0,	13,	-1,	-8
-18,	-6,	-6,	-17
11,	-9,	-10,	-17
-11,	2,	-10,	-8
5,	-15,	2,	-5
-6,	-5,	-5,	2
-3,	6,	7,	2

Part 2 Answers:

Page 33

-1,	-9,	7,	9
-6,	-1,	-9,	-9
-7,	6,	9,	1
6,	3,	-2,	1
1,	8,	-5,	3
0,	-1,	8,	-7
5,	-4,	8,	6
7,	2,	-8,	-8
7,	7,	-7,	8
-4,	7,	9,	-4
-4,	3,	-2,	8
2,	0,	-8,	4
-1,	-2,	-4,	-6
-1,	0,	-3,	-9
8,	0,	0,	-6
-3,	-1,	7,	5
7,	-4,	5,	4

Page 34

0,	-7,	-4,	7
-2,	-2,	-8,	8
8,	0,	1,	8
2,	6,	-2,	-7
-8,	-8,	-2,	-2
-8,	-8,	8,	-3
4,	-6,	2,	-2
5,	-4,	-6,	1
7,	8,	4,	-5
-7,	-8,	1,	-3
5,	2,	-9,	0
0,	4,	3,	-2
-6,	0,	-5,	4
-7,	4,	1,	5
9,	2,	-4,	-7
8,	-5,	2,	-5
-8,	-2,	4,	-5

Page 35				Page 38				Page 41			
-9,	3,	2,	5	-4,	-9,	7,	4	3,	1,	-4,	7
9,	8,	7,	-3	-9,	0,	-5,	-4	9,	-7,	-3,	-3
9,	8,	-6,	3	-4,	7,	9,	8	-1,	3,	0,	8
1,	0,	-7,	-8	7,	-9,	-6,	5	5,	-4,	2,	-7
-1,	3,	9,	-2	0,	1,	-7,	5	-3,	3,	1,	6
2,	-9,	-5,	2	1,	1,	9,	-8	4,	3,	4,	3
4,	-5,	-3,	-8	-7,	-6,	-4,	5	3,	-7,	0,	-5
-5,	5,	9,	-3	-1,	-5,	3,	9	6,	9,	-3,	0
-1,	7,	2,	0	4,	0,	-7,	0	-2,	-5,	1,	-3
-3,	-9,	-3,	8	-8,	3,	5,	-4	-5,	-6,	6,	-3
4,	4,	8,	7	3,	6,	-9,	5	2,	2,	3,	-7
3,	-7,	1,	-9	-1,	6,	-2,	0	4,	6,	-4,	4
3,	-1,	-6,	6	-8,	6,	-1,	-4	-5,	-6,	6,	-7
-2,	0,	5,	3	-3,	-4,	-8,	-6	-6,	3,	6,	-6
-1,	-8,	-3,	-8	-7,	1,	5,	2	-7,	9,	4,	8
-5,	3,	0,	0	-5,	7,	4,	2	-3,	1,	-9,	9
-1,	5,	9,	-3	-7,	-2,	4,	0	-9,	6,	-9,	-4

Page 36				Page 39				Page 42			
0,	-4,	2,	-6	-5,	-6,	9,	-2	-9,	-2,	5,	-9
0,	-7,	-8,	5	1,	-8,	3,	4	6,	4,	-9,	3
-3,	-9,	7,	9	0,	-6,	3,	5	-2,	4,	-4,	-5
-7,	3,	-4,	0	-5,	-1,	8,	2	-9,	4,	-1,	-4
4,	-2,	-5,	-9	-4,	7,	9,	0	-1,	5,	-4,	-3
2,	0,	-9,	2	4,	1,	3,	-9	-5,	-3,	-2,	3
3,	-5,	4,	-9	-8,	6,	9,	-5	-9,	6,	-6,	2
0,	-1,	1,	3	0,	2,	-6,	-7	-2,	0,	4,	6
6,	-4,	8,	4	3,	7,	-5,	7	2,	7,	6,	9
-5,	6,	-7,	2	-5,	-1,	7,	9	-8,	1,	-2,	-6
5,	-8,	8,	-3	1,	0,	0,	5	0,	5,	9,	-8
2,	8,	-6,	-1	5,	-7,	-3,	-2	-3,	0,	-5,	-3
-7,	-8,	-1,	-5	7,	-8,	-2,	3	-1,	-4,	-2,	5
-7,	3,	6,	-6	9,	-1,	8,	8	-3,	4,	2,	-8
2,	-3,	1,	3	8,	3,	-5,	-1	-2,	5,	8,	0
3,	-8,	2,	-9	-8,	-9,	4,	-6	-5,	-7,	-8,	6
-8,	-4,	6,	-1	-4,	0,	2,	3	9,	-4,	9,	4

Page 37				Page 40				Page 43			
7,	6,	4,	-8	3,	9,	-7,	-6	2,	-1,	-5,	6
-1,	-3,	-3,	-3	-9,	-4,	-7,	2	5,	-5,	-5,	1
-4,	2,	-1,	9	6,	-1,	-2,	6	-8,	2,	-7,	9
5,	4,	3,	9	-7,	-4,	3,	-4	8,	-1,	-3,	9
2,	-1,	8,	8	0,	1,	-5,	8	9,	-2,	-3,	-2
1,	-9,	4,	4	-1,	7,	1,	-8	-5,	7,	2,	-8
1,	-3,	-1,	4	-8,	-5,	-1,	9	-6,	9,	8,	6
-7,	-5,	3,	-3	-1,	0,	-9,	-1	6,	5,	7,	-3
-8,	6,	-2,	3	1,	-9,	-6,	-7	0,	6,	-4,	-7
-9,	-4,	-7,	-1	3,	8,	-9,	-8	-7,	-5,	-7,	4
5,	-5,	-5,	-1	1,	8,	1,	-4	-5,	6,	-5,	-2
-3,	-5,	-2,	-2	6,	-9,	7,	2	-7,	-9,	-4,	2
9,	6,	2,	-8	1,	-7,	-6,	9	-2,	5,	-2,	-9
6,	1,	4,	-7	-2,	6,	-4,	1	1,	8,	-5,	7
4,	2,	5,	-6	1,	1,	-4,	1	-7,	-8,	1,	-9
1,	1,	-8,	-4	9,	-1,	8,	-2	1,	-5,	9,	7
-7,	5,	4,	4	4,	3,	2,	7	-9,	-9,	9,	-7

Page 44
  0,   5,   6,   5
-5,   2, -7,   0
 3, -1, -9,   1
-8,   5,   5, -2
 2, -2,   5,   2
 0,   9, -6, -3
 3, -4,   1,   8
 0,   5,   3,   7
 8, -1, -4,   4
-3, -4,   6,   9
-2, -5, -6, -3
 6,   2, -1, -7
-3, -8, -7, -8
 5,   2,   5,   1
-2,   0,   4,   5
 0,   8,   9,   5
-9, -8,   2, -8

Page 45
-8, -5,   3,   7
 8,   1,   6, -4
-2, -5,   8,   9
 1, -2,   3, -5
 5, -2, -3, -2
-1, -1,   6, -7
-3,   2, -7, -1
-7,   1,   7,   0
-4, -3, -5,   1
 7,   9,   6, -5
-4, -1,   4,   3
 6,   9,   2,   8
-9,   6, -4, -4
 6, -9,   8,   1
-7, -4,   2, -4
 2, -7, -3,   5
 1, -4, -4, -1

Page 46
-5, -9, -3, -9
-7, -1,   2, -8
 7, -4, -1,   0
-7,   2, -2,   4
-3, -9, -8,   1
-6,   6,   8, -4
-1,   5,   5,   1
-6, -2, -5,   6
 0,   8,   8,   0
-4,   7, -9, -7
 9,   6,   9,   4
-7,   4,   3, -2
-1, -2,   8, -6
 0, -9,   1,   5
-2, -6,   4, -6
-3,   4,   4, -1
-8, -2,   2, -9

Page 47
 4, -9, -7, -4
 7, -5,   9,   4
-5, -1,   9,   6
 5, -3,   3, -9
-8,   2,   7, -1
 8, -4, -3, -9
-4,   8,   3, -9
-8, -3,   1,   9
 6, -8, -2,   6
-8,   5,   8,   8
-6, -4,   7, -8
-9,   3,   2,   7
-3, -4,   1, -5
 3, -4,   6, -1
 3,   7,   1,   6
 8, -3,   4, -5
 6,   9,   3, -8

Page 48
-7, -7,   9, -8
 8, -9, -9, -8
 7, -9,   0,   9
 0,   1,   2,   9
 1, -4,   6, -8
-5,   0, -8, -9
 9, -9,   1, -3
-5, -8,   6,   7
 8,   4, -5,   1
-8,   0, -5,   9
-9, -4,   8,   4
-1, -3,   6,   0
 4,   9,   7, -9
-9, -2,   1, -8
 0, -1,   3, -7
-7, -2,   9,   5
 1, -6,   2,   8

Page 49
 0,   9,   5, -8
 6,   5,   8, -9
-7,   4, -2,   3
-8,   2, -3, -8
 7,   9,   2,   0
-1, -3, -4, -9
-8,   7, -6,   4
 4,   3, -8, -2
 7,   1, -6, -1
 2, -7, -7, -1
-7,   5, -7, -7
-1, -9, -8,   3
 1,   0, -1, -5
-8, -9, -6,   3
 0, -4,   6, -2
 8,   8, -5,   1
-1,   9,   4,   3

Page 50
 8,   2, -1,   9
 9,   7, -4,   5
 3, -3,   6, -2
 9,   4,   1, -6
 9,   9, -9,   6
-5, -5,   6,   4
 3,   0,   0, -1
 0, -4,   0, -9
 3, -9, -1, -9
 1,   3,   3,   8
-6,   9, -5, -9
 0,   1,   9,   7
-8, -9,   5,   7
-1, -2,   8,   3
 4,   9,   6, -9
 5, -3,   0, -4
-3, -4,   4,   1

Page 51
-9,   9,   6, -4
-8, -4, -8, -2
-7,   9, -6,   2
 7,   6,   6, -1
-9,   6, -7, -3
 8,   0, -8,   1
-5,   8,   8,   3
-8,   6,   6,   5
-2, -7, -8, -7
 3,   3,   2, -3
 7, -1, -5,   6
 8, -9,   3,   1
-7, -9, -8, -2
-5, -1, -4,   5
 2,   4,   6, -4
-1, -8,   5,   1
-6,   0, -7,   9

Page 52
 6,   0,   8,   0
-2, -9, -9, -4
-7, -6,   9,   2
 3,   1,   2, -7
 2, -5, -6, -1
-5, -5, -4, -8
 6,   8, -9, -4
 2, -3,   8,   9
 6, -8, -1,   3
-2, -2, -2, -6
-4,   0,   7, -5
-9,   8, -6, -8
-8,   4, -1,   1
 4,   9,   8,   0
-7, -8,   5, -2
-9, -6,   7, -1
-5,   5,   3,   4

Page 53
```
   1,    8,    6,   -9
   9,   -3,    5,    2
  -4,   -1,    5,   -3
   9,   -7,    0,    1
  -1,    7,   -2,    4
   9,    3,    9,    4
  -2,   -2,    8,    5
   6,   -6,   -4,    5
   1,   -8,    1,    2
  -6,   -4,   -6,    5
  -5,    0,    2,   -3
  -5,   -2,    1,    2
  -1,    6,   -2,   -4
   4,   -6,   -2,   -2
   2,    7,    3,   -4
   6,    8,   -3,    8
  -7,   -5,   -6,    7
```

Page 54
```
   4,    2,   -5,    2
   6,    0,   -6,    0
  -5,    9,    3,    1
   2,   -9,    8,    1
  -6,   -7,   -3,   -2
  -8,    2,   -4,   -9
   1,   -6,   -1,    6
   4,    1,    3,   -8
   9,   -1,    3,   -3
   2,    4,   -7,   -4
  -7,   -5,   -5,   -2
  -3,   -6,   -9,   -6
   5,    7,    9,   -6
  -2,    1,    9,    4
   9,    3,   -9,   -5
  -6,   -9,    7,    4
   6,   -6,    4,   -9
```

Page 55
```
  -4,   -9,    5,    8
  -9,    4,   -6,    7
  -6,    5,   -7,   -3
   6,   -4,    5,   -5
  -1,    4,    5,    2
  -1,   -7,   -8,    1
   9,    1,   -5,    6
  -1,   -4,   -1,    8
   4,   -6,   -4,    7
   4,    6,   -1,   -5
  -4,   -7,   -3,   -4
   5,   -4,    9,    0
   1,   -3,   -8,   -9
  -1,    5,    2,    2
   0,    7,    0,    9
   9,   -1,   -9,   -4
   2,   -9,   -4,   -4
```

Page 56
```
  -7,    8,    7,   -8
  -3,    8,    2,   -9
  -7,    1,    7,   -2
   9,   -6,   -2,    0
  -3,    4,    8,    2
  -2,    8,   -7,   -6
   8,    1,   -2,    2
  -9,    3,   -2,   -6
  -9,   -8,   -1,    3
  -8,    7,    4,    6
   0,    9,   -1,    7
  -6,    9,    0,    2
   3,    9,    5,    2
   2,   -2,   -6,   -2
   7,   -4,    3,    2
  -6,    2,    3,   -7
  -6,    5,    9,    2
```

Page 57
```
   8,   -3,   -2,    4
  -8,    0,    2,    8
  -5,    3,   -1,    4
  -9,   -2,   -6,    9
  -1,   -4,   -3,   -4
   6,    5,   -7,    8
   5,    2,   -4,    6
  -5,    7,   -7,   -4
   2,   -9,   -2,   -5
   8,   -1,   -6,    7
  -8,    0,   -1,   -5
   6,    6,   -4,   -1
   0,    8,   -8,   -8
   9,    0,    7,    4
   2,    0,    1,   -8
   1,   -3,   -3,    3
   4,    1,   -7,   -6
```

Part 3 Answers:

Page 59
```
 -12,   24,   25,  -36
   0,  -72,  -30,   -5
   3,  -10,  -49,  -30
  24,   -8,  -63,   45
   8,    5,  -30,   -3
 -12,    8,   12,   -1
  -5,    3,    5,    9
 -14,  -15,  -56,    7
  16,   -7,  -20,    2
 -35,    6,  -16,  -81
 -35,    4,  -48,  -48
 -48,   63,  -15,   42
   2,  -45,  -56,    6
 -28,    6,   -3,    0
   4,   -7,    3,  -18
 -54,    2,  -27,   32
 -25,   42,  -54,  -27
```

Page 60
```
   0,  -56,   12,   64
  -6,  -63,    0,   12
 -36,   14,   56,    0
 -10,  -14,   21,   15
   0,  -27,   -4,   -8
   7,   56,  -24,  -81
 -18,    0,  -24,  -54
  12,   -6,   72,   28
 -30,  -12,  -48,   72
  -6,  -28,   45,  -12
 -30,   16,  -20,    6
   0,   -6,  -27,    4
 -12,   49,   28,   54
   0,    2,   24,    8
  56,    6,  -24,   18
   8,   -9,   -2,  -49
   2,   -6,    8,   -5
```

Page 61
```
  14,  -12,   25,    2
  18,    0,   48,  -10
 -28,   -4,   64,   -8
 -42,    0,    4,  -35
  81,  -81,   48,  -21
 -18,  -30,   30,    0
  25,   54,    3,   56
  54,    0,    0,   36
   4,  -45,   10,   32
 -30,   21,    6,   18
 -27,    1,    1,    0
 -32,    7,  -14,   -4
  -2,   24,    0,   81
   0,  -20,  -28,   16
  35,   12,   56,   30
   0,    0,   -3,  -32
  54,   56,  -28,  -27
```

Page 62
```
   0,  -10,    0,  -56
 -24,   -8,   12,   45
  30,   -9,  -48,   16
  63,    0,   72,  -27
 -45,  -32,    8,   18
  63,  -40,    0,    4
  54,  -72,   14,    0
   4,  -12,    9,    0
  35,    0,   72,  -35
 -12,   63,  -36,   -6
 -36,  -20,    0,   36
   0,   45,    0,   42
 -14,    0,    0,   72
 -15,   14,  -36,   -5
 -28,  -64,  -40,   42
 -25,    0,  -24,    6
 -35,   -8,  -48,  -56
```

Page 63
```
 15,   18,  -54,    0
-45,    0,   -6,    4
  0,   72,   15,    4
  9,  -18,   -3,  -12
  0,   27,   14,   40
-72,  -24,  -16,    6
-18,  -21,    5,   12
 45,   15,   -5,    0
  0,   -6,  -35,   63
-12,  -36,   14,    0
 14,   54,   -4,  -20
  0,  -28,   -9,   45
 12,   18,  -54,   24
 16,  -10,   36,    0
 -4,  -64,   72,  -10
-32,   42,   -8,   -6
 15,    9,   21,   -1
```
Page 64
```
 54,   36,    0,    0
 16,   -8,  -12,   -8
  0,  -12,    0,  -10
-64,   20,    9,   12
-12,    0,   48,   10
 20,   54,    0,   24
  0,  -40,    8,   36
  2,  -21,   -6,   21
-14,    0,  -56,  -14
 12,    0,   -8,  -28
-18,  -12,   -5,   -4
-36,  -10,  -25,  -45
 25,   40,   -1,   54
-42,   45,    9,   15
 -9,    0,   20,   -4
 30,   20,    9,   54
  6,  -12,   -9,    4
```
Page 65
```
 24,   -4,   14,   40
  5,   12,   64,    1
  0,   64,   12,  -48
 81,   24,    0,   16
 14,    6,   12,    0
-54,  -27,  -24,   -6
 14,   10,  -32,   56
-12,   14,   -6,  -36
 -9,    0,   56,    0
  0,   42,   36,   24
  0,  -12,    0,   24
  6,   20,  -56,   -9
 24,   16,    0,  -32
-25,    3,  -21,   20
-48,   -4,   -3,    0
  3,  -45,   -9,    5
 -8,   18,    0,  -72
```

Page 66
```
-81,  -15,   35,   30
 -1,   14,    0,   24
 15,   -2,   24,    0
 30,  -18,   -8,  -63
 -2,   28,  -25,    8
 36,   -9,  -56,    0
-10,    0,   -7,  -36
  0,  -48,  -16,    0
 36,   20,   45,   24
 -6,   10,   -4,    0
-64,    0,    4,  -49
-32,    2,   -4,   12
-40,   24,    0,   16
-63,  -54,  -16,    0
 -9,   27,    0,  -48
 -5,    0,   32,   14
  3,    0,    4,  -24
```
Page 67
```
-14,   10,  -35,   16
 -9,  -30,  -49,   64
 18,   -9,   40,  -18
  8,  -30,   -5,   27
 -9,  -24,   24,  -32
 10,    6,   15,   20
  9,   28,   64,  -56
-16,    0,   28,    8
 24,   -7,   40,   63
  1,  -12,   72,   16
 20,    6,   56,   -3
 54,  -18,   20,   54
-18,   36,  -12,    2
-56,   81,  -24,    7
 20,   15,   27,    8
 45,   -8,   48,   42
 -5,    3,  -27,   15
```
Page 68
```
  0,  -40,    2,   -2
  6,  -28,    0,  -45
-48,  -30,    0,   -9
 54,   18,    6,   54
-14,  -27,   -6,  -40
 40,  -18,    0,  -18
-40,  -14,   -4,   -7
  0,   -2,   20,   15
 36,    6,   54,   27
  0,  -72,    0,    6
-14,  -18,  -27,  -48
-72,  -14,  -20,  -10
-36,   24,   63,  -42
 63,   12,    2,  -21
 30,  -54,   15,  -18
  3,  -63,  -42,   -3
 28,    6,   28,    4
```

Page 69
```
 10,   48,   -1,   -4
  0,   48,   28,   56
 18,   16,   16,   21
 -8,    2,   56,  -24
 40,    0,   -7,    0
  4,  -72,    1,  -10
-24,   27,  -48,  -18
  8,   20,    6,    0
-40,  -36,  -28,    0
 -9,   56,   24,    0
 -4,  -42,  -10,  -12
-20,   12,  -16,    0
-20,   30,   48,    3
  0,   25,   -4,  -24
 42,    3,   35,    0
-20,    3,    0,  -24
-18,    0,    0,   -5
```
Page 70
```
 21,  -54,   -6,  -24
-72,  -49,   18,  -49
-16,   24,   18,   72
 63,  -36,   27,   72
 -7,    0,  -49,   12
-27,   12,   30,   24
 12,   -7,   -6,   42
-27,   32,   63,   16
 56,  -14,  -45,   24
 64,   -8,   40,   -6
  1,   18,    8,   -8
  8,   -2,    2,   24
-24,  -18,  -18,   -5
  2,    9,   -7,   56
 15,  -54,  -18,    4
 21,   10,   -1,   24
  9,   -8,   25,  -45
```
Page 71
```
  2,  -16,   21,   16
 -4,   32,   72,    4
-63,   -8,  -16,   -3
-49,   36,   -5,  -72
  6,    0,    0,   42
 16,    0,   48,  -35
-20,    3,   35,  -45
 18,   -6,   48,  -25
  7,    0,   21,  -48
-56,   20,    0,   45
 72,    0,  -18,   32
-20,   63,  -28,  -35
  4,  -35,  -32,    0
 15,    6,   -7,    0
 -4,   45,   12,  -12
  4,  -24,  -10,    2
  0,   14,  -36,   -3
```

Page 72

-9,	-3,	2,	7
0,	-28,	0,	56
9,	24,	-14,	28
-28,	6,	-18,	0
-54,	5,	6,	-6
-3,	18,	18,	-12
8,	9,	-9,	24
4,	0,	-25,	1
27,	-56,	-20,	-30
4,	28,	-14,	-3
-20,	0,	0,	16
10,	-14,	-9,	0
64,	14,	-15,	-27
-5,	-9,	32,	-7
-21,	5,	7,	-21
0,	81,	18,	-63
20,	0,	-14,	-6

Page 73

6,	-8,	-32,	-18
-24,	-45,	14,	7
-16,	6,	28,	-16
54,	-72,	-56,	36
32,	-45,	5,	36
72,	-12,	-6,	-28
3,	-12,	14,	-14
-24,	0,	0,	64
7,	14,	64,	0
81,	-36,	0,	12
54,	0,	-14,	28
-21,	-20,	36,	-28
0,	-54,	7,	27
48,	24,	15,	-20
-18,	0,	-2,	42
-54,	-8,	-36,	36
45,	35,	-12,	-14

Page 74

-45,	-63,	-3,	-54
0,	-8,	-56,	18
-36,	-32,	-81,	-20
16,	8,	-4,	16
16,	72,	30,	-35
0,	-9,	-1,	0
-32,	-64,	4,	36
2,	36,	7,	35
1,	0,	-24,	5
-28,	-4,	-14,	10
-28,	54,	10,	0
-28,	-24,	-35,	10
0,	35,	-6,	12
63,	0,	63,	15
0,	-72,	-10,	1
7,	72,	-2,	14
-18,	8,	-36,	-12

Page 75

24,	-4,	-9,	20
-8,	12,	27,	-15
-15,	48,	-48,	-6
-14,	48,	0,	-9
56,	4,	10,	-24
0,	64,	35,	27
27,	0,	6,	0
-56,	-6,	0,	-56
-2,	8,	4,	-15
-16,	4,	54,	2
-18,	0,	-40,	45
54,	-35,	-8,	18
-10,	-32,	30,	-36
-42,	7,	63,	-6
30,	-16,	-25,	4
-9,	-40,	42,	-72
24,	-15,	24,	8

Page 76

-20,	-30,	0,	0
-24,	-3,	-6,	-21
0,	72,	-21,	36
-8,	-6,	0,	-27
-4,	-45,	-48,	0
-9,	8,	48,	-18
-21,	-2,	-9,	9
12,	63,	0,	45
-45,	40,	0,	0
-16,	5,	27,	56
-9,	-72,	7,	81
16,	16,	54,	-18
-36,	-6,	7,	12
54,	32,	42,	24
72,	36,	-21,	6
-32,	8,	16,	20
0,	-21,	40,	-48

Page 77

0,	4,	5,	21
-18,	-32,	56,	42
0,	35,	-48,	0
27,	32,	9,	-24
-14,	-18,	45,	-2
-14,	-36,	-20,	12
0,	20,	36,	-18
10,	0,	35,	0
-30,	5,	16,	14
0,	-56,	0,	-8
-3,	18,	-14,	5
48,	36,	0,	64
18,	0,	-21,	-12
4,	3,	8,	0
4,	-21,	0,	63
-56,	14,	15,	0
-9,	-20,	-6,	16

Page 78

-4,	35,	14,	45
0,	-27,	30,	0
-36,	-32,	45,	0
12,	40,	-21,	-30
-21,	-9,	-15,	-42
0,	45,	-27,	-9
-16,	30,	63,	-48
-45,	1,	-24,	0
-56,	0,	-18,	-20
6,	4,	6,	-36
28,	30,	16,	16
-48,	45,	30,	32
-14,	7,	-18,	-48
3,	4,	10,	-7
54,	35,	14,	0
0,	25,	-72,	-45
28,	15,	6,	4

Page 79

-21,	28,	-5,	42
-12,	-35,	36,	-10
0,	54,	5,	-1
24,	-28,	-24,	12
24,	2,	8,	9
4,	-45,	-6,	9
24,	-8,	-2,	-5
-7,	-12,	7,	2
9,	-30,	4,	8
-3,	56,	21,	6
-2,	36,	9,	-6
-56,	-32,	12,	12
14,	54,	6,	2
24,	8,	12,	21
-7,	-9,	-16,	0
-4,	-40,	-56,	6
2,	-48,	-49,	0

Page 80

72,	63,	0,	0
56,	36,	15,	-20
-27,	8,	14,	-36
0,	1,	4,	21
54,	0,	-12,	18
-45,	-9,	8,	-2
10,	-25,	-36,	12
8,	0,	-6,	4
48,	0,	4,	0
-9,	-14,	-72,	81
0,	21,	-4,	18
25,	-18,	-6,	8
-72,	7,	16,	12
0,	-45,	10,	-12
-18,	81,	-42,	6
-12,	-18,	0,	-54
0,	-27,	5,	63

Page 81
```
 -8,  -9,   8,  81
 -4,  45, -35,   2
-45, -54,  -4,  35
  6,  54,   6,   0
-45, -18,  24,  49
  1,  24,  81, -20
 -6, -16,  -8,  72
 54, -45, -24,   2
 30, -35,  72, -48
  0, -16,  40, -36
  7, -54,   6,   0
 10,   2,   2,  -8
 15,   9, -32, -56
  0, -12,  -3,   0
  0, -20, -45,  -3
  8, -24,  -9, -54
-28, -28, -32,  45
```
Page 82
```
-12,   5,  -2,   4
 32,   0, -56,   0
 54, -15,  12,   1
-36,  -6,  -8,  12
  5,  27,  16,  -8
-18,  36,  21, -42
  0, -64,  64, -18
 21,  63,   0,  30
-28, -35,  81,   4
 72,   0,  36, -40
-35,   4,  15, -30
-54,   8,   8,  24
 12,  18,  18,  28
 24, -28, -63,   0
  4,  -9, -42, -32
 45,  16, -54,   6
 72,  24,   0, -36
```
Page 83
```
-15, -72, -36,   8
 18,  64,  21, -25
 12,  -6,  27, -36
  2,  28,  18,  18
  2,   7,  -1, -28
 -6,   0,  18,  45
 -4, -32, -63, -27
 35,   0,  32,  30
 35, -24, -56,   4
  0, -40,   0,   1
-36,  15,   9, -10
 20, -24,   0,  16
 35, -16, -48,  42
-27,  40, -36,  -7
 -6,  -2,  21,   1
 10,  42, -24,  21
-36,  45,   0,  -9
```

Part 4 Answers:

Page 85
```
  8,  -2,   9,   1
  3,   4,   4,  -3
  7,   4,   2,   3
  6,  -5,   1,  -8
  7,  -4,   3,  -3
  6,  -2,  -8,  -2
  9,  -2,   9,   0
  6,  -7,   2,   0
  6,   7,   1,  -7
 -9,   4,  -5,   3
  4,  -5,   4,  -4
  2,  -4,   5,   9
  2,   6,  -5,  -2
  4,   0,  -4,  -4
  0,   9,   7,  -7
 -8,   9,  -4,   4
  2,  -8,   7,   6
```
Page 86
```
 -9,   3,   6,  -1
 -7,   2,   3,  -6
 -9,   1,   3,  -6
  2,   0,   8,  -3
 -7,  -4,   3,   0
 -4,  -6,   3,  -6
  4,  -9,   6,  -1
 -8,  -5,   2,  -4
  8,  -6,  -9,   7
  9,  -5,  -8,   9
  7,   1,  -1,   3
  3,   8,   1,   4
 -9,   1,   8,  -5
  0,   3,   0,  -1
 -4,  -9,   3,  -1
 -5,   5,  -5,  -2
 -2,   0,   8,  -8
```
Page 87
```
 -7,   2,   9,  -5
  0,  -9,   3,  -7
 -2,  -2,   3,  -6
 -4,   8,  -7,   9
  6,  -1,   6,  -9
 -2,   3,   8,  -7
  5,  -9,  -6,  -5
  3,  -3,  -7,  -4
  8,   0,  -1,   9
  7,   3,   6,  -9
 -9,  -3,  -7,   6
  5,   5,   8,   8
 -7,  -1,  -7,  -1
 -8,   3,  -4,   2
  3,   4,  -6,   6
  8,   5,  -7,   1
 -5,  -5,   1,  -6
```

Page 88
```
 -4,  -6,   1,  -6
  7,  -1,   7,  -1
  6,   3,   3,   6
 -6,  -6,   3,   9
 -2,  -7,   3,   0
 -1,   7,   0,   9
  2,  -5,  -9,   2
  0,   4,   9,  -7
  4,   9,   3,   2
 -4,   9,   8,  -8
 -9,  -9,   7,  -4
 -2,   3,   2,  -4
  3,   5,   8,   0
  8,   6,  -2,   0
 -2,   3,  -8,   0
  9,  -1,  -6,   6
  7,  -3,   4,  -2
```
Page 89
```
  2,   8,   7,   2
  4,   3,   6,   5
  8,   5,   7,   9
  4,   2,   6,   4
 -8,  -7,   7,   9
  0,  -8,   0,   6
 -2,  -8,  -5,  -3
  6,   0,  -8,   3
 -3,   8,   6,   5
  5,   3,  -2,   7
 -2,  -4,  -9,   3
 -8,   2,   1,  -9
 -5,  -9,   4,  -9
  1,  -6,   1,   8
 -6,   5,   5,  -2
 -3,  -4,   6,   2
  5,  -7,  -5,  -2
```
Page 90
```
  6,  -7,   7,  -3
 -3,   8,   3,   4
 -7,   6,  -2,  -8
  3,  -4,   0,  -1
 -5,   1,   3,   9
 -9,  -4,   8,  -3
 -7,   2,  -3,  -7
 -2,   2,   8,  -6
 -1,  -4,  -4,  -7
  0,   4,   3,  -8
  3,  -2,   3,   3
  3,  -9,   0,  -7
  9,   4,   1,  -3
  0,  -5,  -6,  -3
 -4,   8,  -2,   0
  4,  -7,   5,   9
  9,  -6,   1,  -1
```

Page   91

```
-8,    6,    2,    2
 1,    1,    7,    7
 8,    0,   -7,    7
-9,    9,    9,   -9
-7,    4,   -9,    3
 1,   -8,    6,    0
 7,   -3,    8,    8
-1,   -4,    1,   -9
 9,   -5,    3,   -5
 8,   -2,   -7,    3
-3,    1,   -5,   -5
 4,   -2,    7,   -5
 0,    3,    2,    6
 5,    2,    7,   -2
 6,   -3,   -3,    8
 0,    9,   -1,    2
-8,   -4,    0,   -1
```

Page   92

```
-1,    7,    1,   -7
 4,    0,    5,    4
 2,    0,    1,    1
 8,   -5,    0,   -6
 1,   -8,    3,    7
-1,    0,   -6,   -5
-9,   -7,   -3,   -1
 0,   -2,   -4,   -9
-8,   -4,   -2,   -9
 2,   -5,    4,   -3
-8,   -8,   -5,   -4
-9,    8,    7,    3
-2,   -6,   -5,   -9
 3,    1,   -7,    6
 2,   -7,   -1,    6
-8,    2,    0,    6
-6,    6,    1,   -5
```

Page   93

```
 3,    9,    7,    3
 9,   -6,    6,    6
-6,    8,   -4,    1
-7,    3,    3,    6
-1,   -8,   -2,   -4
 3,   -6,   -8,    7
 3,    7,   -8,   -8
-5,    2,   -7,    5
 1,    4,    2,   -5
 7,    2,    0,   -3
-3,   -2,    3,   -7
 5,   -4,    3,    3
 5,   -3,   -1,   -3
 7,   -1,    7,    9
-2,    5,    7,    3
 3,   -8,    5,   -7
 0,    5,   -3,    9
```

Page   94

```
-3,   -7,    5,   -8
 5,    3,   -5,   -1
 4,    1,    6,    3
 1,    7,   -7,   -2
-7,   -8,    8,   -1
-6,   -3,    1,   -8
 2,    2,    5,    5
-5,   -9,   -5,   -1
 7,    8,   -7,    3
 9,    1,   -2,   -6
-3,    1,   -9,   -7
 2,    9,    5,    7
 2,   -3,   -7,    2
 0,   -9,    2,   -4
-5,    3,    8,    4
-8,    4,    1,    6
 8,   -8,    5,   -7
```

Page   95

```
-6,    8,    5,   -1
-2,    2,    8,   -6
 1,   -5,    3,    3
 5,    6,   -4,   -6
-5,   -8,    3,   -4
 2,   -6,    2,    1
-3,   -8,    6,    3
-9,    5,    9,    3
 7,   -4,   -7,    3
 5,   -5,    3,    3
 4,   -4,    2,    3
-4,    0,    6,    3
-2,    8,    7,    7
 7,   -1,    8,   -7
 0,    7,   -3,   -5
 9,    4,    5,   -8
 1,   -4,   -3,    6
```

Page   96

```
-5,   -1,   -8,    0
 1,    3,    2,    3
-6,    6,   -1,    5
-4,    8,   -7,    3
-1,    3,    1,   -2
 8,    5,   -8,   -7
-6,   -1,    9,    4
-8,    9,   -2,    1
 1,   -7,   -5,   -5
 6,    3,    0,    7
-3,    7,    3,    6
-2,   -2,   -8,   -1
 6,   -6,    5,   -4
 4,    3,   -6,    3
 3,   -4,   -1,    3
 7,   -3,   -7,    9
 7,    9,   -4,   -7
```

Page   97

```
 7,   -1,   -3,   -5
-5,   -3,    3,    4
 2,   -1,    0,   -1
 2,    5,    8,    8
-9,    6,    1,    6
 3,   -5,   -9,   -5
 3,    8,   -2,    7
 4,   -2,    2,    3
-9,    1,   -2,    2
-4,   -2,   -6,    6
 4,   -9,    7,    6
 6,    0,   -2,   -3
-1,    2,   -4,   -5
-1,    7,    2,   -4
 7,    7,    3,   -5
 9,   -3,    3,   -1
 4,   -3,   -2,   -8
```

Page   98

```
 9,    7,    5,    1
-9,   -5,    2,   -5
-1,    5,   -7,    8
 3,   -1,    6,   -5
-6,   -1,   -5,    0
-3,    1,   -1,    9
-2,   -1,    7,    2
 8,   -7,   -7,    4
-8,    5,    7,    5
 4,    3,   -9,    7
 2,    6,    7,    1
 0,    8,   -1,    0
-1,   -6,    8,    0
-5,    3,    9,   -9
 4,   -1,    5,    5
 4,    8,   -6,   -1
 1,    4,   -2,   -1
```

Page   99

```
 3,   -1,    8,    6
 6,   -7,    6,    6
-4,    9,   -4,    0
-9,    6,    9,    9
-1,   -2,    1,   -9
-5,    1,    7,    3
 0,    6,   -5,    1
-7,    1,    4,    2
-2,    5,    0,    5
 3,    3,   -8,    4
-2,    7,    1,    1
-8,    3,   -6,   -1
 6,   -2,    5,   -2
 9,    0,   -6,    3
-9,    3,    5,    9
 4,    1,    6,    6
-2,   -1,    8,    5
```

Page 100

3,	7,	3,	0
5,	6,	8,	-9
4,	8,	-9,	-1
-6,	5,	-4,	0
4,	9,	8,	-4
6,	1,	6,	0
6,	-7,	8,	-6
-9,	4,	-6,	7
4,	-7,	-8,	3
-5,	-5,	-7,	-4
9,	3,	0,	-8
0,	2,	-3,	5
-6,	-1,	-3,	2
-1,	9,	-6,	7
0,	-4,	5,	-2
5,	4,	8,	9
9,	-1,	3,	-9

Page 101

3,	4,	3,	-5
1,	-5,	3,	5
8,	-7,	3,	-7
-8,	3,	1,	3
0,	4,	-2,	8
3,	-1,	0,	9
-8,	8,	-2,	3
-6,	3,	-8,	-5
7,	9,	-8,	6
0,	-4,	-4,	-1
0,	2,	-2,	-8
-8,	-7,	9,	-1
-4,	-4,	-6,	-4
1,	-1,	-8,	4
-1,	5,	-2,	-3
3,	-1,	-2,	-1
9,	6,	-8,	-1

Page 102

8,	3,	-8,	3
-9,	-4,	3,	5
6,	5,	-7,	-2
-5,	-5,	-3,	-3
-6,	-5,	3,	1
-6,	1,	-4,	2
4,	-4,	-7,	-1
-4,	3,	7,	8
3,	8,	-2,	0
-7,	2,	-8,	7
9,	1,	7,	7
-7,	-7,	-3,	5
9,	-2,	-2,	6
-8,	-1,	-7,	9
-8,	3,	-4,	6
1,	-6,	8,	-5
8,	3,	-6,	3

Page 103

2,	6,	1,	-5
3,	1,	8,	3
-9,	-5,	-2,	4
8,	-5,	2,	-3
4,	1,	-3,	-7
7,	2,	-7,	-4
-4,	8,	9,	4
-6,	-1,	-8,	8
9,	-5,	4,	-4
-9,	-9,	-5,	-3
0,	-9,	0,	-9
-7,	9,	-1,	-5
2,	-3,	-1,	-8
7,	-1,	3,	-4
4,	-9,	4,	9
2,	-6,	9,	4
0,	-3,	-4,	2

Page 104

-7,	3,	-6,	2
7,	-4,	4,	5
3,	-5,	-2,	-4
-8,	-5,	3,	2
-5,	1,	-7,	-3
-5,	3,	2,	-4
-2,	8,	-6,	8
-7,	5,	-6,	0
4,	-8,	0,	-9
2,	3,	-8,	1
2,	-6,	8,	-9
2,	-1,	7,	7
-5,	6,	-9,	3
-7,	-4,	8,	5
-5,	-9,	-6,	-2
-1,	4,	2,	9
9,	-1,	-3,	-5

Page 105

5,	8,	-2,	7
9,	3,	5,	0
6,	4,	7,	-1
6,	-6,	9,	-4
-9,	-8,	-6,	-9
-8,	3,	5,	3
4,	9,	3,	3
0,	-6,	4,	-8
-5,	-1,	-1,	8
7,	2,	0,	9
-9,	-6,	-7,	6
2,	-1,	7,	5
-3,	-1,	5,	-5
-2,	3,	-2,	-8
3,	-7,	-5,	-5
-7,	-2,	3,	-9
6,	3,	8,	0

Page 106

6,	-1,	-9,	8
5,	8,	8,	3
-2,	0,	-5,	3
-1,	-1,	-2,	5
-8,	-7,	6,	4
-5,	5,	-4,	-5
1,	-7,	-6,	7
-2,	-4,	5,	4
6,	-9,	-5,	1
-1,	3,	-4,	1
3,	-2,	-2,	9
3,	-3,	0,	2
-2,	6,	9,	-3
-1,	-1,	4,	-9
2,	-4,	3,	3
3,	-2,	-6,	1
8,	-4,	-5,	3

Page 107

-1,	-7,	-1,	2
1,	-8,	-5,	0
9,	-9,	4,	9
-2,	-5,	-6,	0
-5,	-6,	8,	-5
8,	-4,	6,	3
0,	-8,	-3,	7
-3,	3,	-6,	2
6,	9,	-1,	0
9,	-2,	9,	-4
9,	-8,	-2,	-2
-6,	6,	4,	7
-6,	-7,	2,	3
6,	4,	-2,	-5
7,	0,	-4,	3
-1,	6,	4,	-6
8,	4,	-3,	-4

Page 108

8,	-1,	7,	1
8,	-9,	-7,	3
4,	9,	-3,	1
3,	1,	7,	-1
-3,	-1,	7,	-8
4,	-7,	3,	8
-9,	-8,	9,	3
-2,	-3,	-5,	-5
-9,	7,	7,	-5
7,	-9,	5,	-1
3,	3,	-4,	2
7,	9,	-4,	-7
4,	8,	-6,	-2
8,	-5,	5,	-3
3,	-6,	6,	2
4,	9,	-9,	8
-8,	-5,	6,	8

Page 109

```
 9,    8,    6,   -9
 6,   -6,   -5,   -4
 7,    9,   -9,    3
 3,    3,    8,    4
-8,    2,    9,    0
-5,    5,    5,   -4
 3,   -8,    9,    0
 3,    5,    2,    5
 7,    8,    3,   -1
-2,   -8,    9,   -3
-1,    4,   -2,   -8
 5,   -8,    8,    3
 8,   -8,   -9,    0
 7,   -6,    7,    3
 9,    2,   -9,   -6
 4,    7,    5,    5
 2,   -7,   -4,    1
```

Made in United States
Troutdale, OR
07/21/2024

21440098R00069